考え

JN026487

読解力なぞぺ〜

〈小学 **2**〜**3**年〉

高濱正伸・竹谷 和（花まる学習会）

草思社

は じ め に

先日、こんなメールを目にしました。

「●●の修正を終えました。いつ締め切りで○○さんにチェックをお願いするのが
よろしいでしょうか？」

　一見何の問題もない文章のように思われますが、実は「いつ締め切り」が2通りの意味
を持ってしまっています。①いつまでに「お願い」するのがいいか、②いつまでに「チェッ
ク」してもらうのがいいか、です。そんな細かいことを言わなくても……と思われるかも
しれません。しかし、これが何百人に届くような影響力を持つ文書であったり、重要な判
断を迫られるときの情報であったりしたらどうでしょうか。メール文面を読んで、正しく
疑問を持つことができる人がいなければ、誰も止めないまま、それぞれの人で解釈が異な
るまま、事が進んでいくということになってしまいます。

　直接会うことなく、オンライン上だけで、テキストのみを通じてのコミュニケーション
が隆盛です。そういう状況では「ねえ、これってこういう意味？」とすぐに近くにいる人
に「ちょっと聞く」ことができません。気づかぬうちにお互いの認識がずれていたという
ことが起こりやすくなります。読解力は大事だということはずっと言われていますが、そ
の重要性がますます高まっている時代なのだと実感しています。

　本書は、読解力をテーマにした「なぞぺー」です。読解力と一口に言っても、様々な要
素が含まれます。第一に「何を言いたいのかをつかみとる力」。「なるほど、要はこういう
ことね」と、テキストを読みながら頭の中でまとめられる力です。加えて、「語彙」や「常

識・知識」も読解力の大事な下支えの力です。文の構造はわかっていても、書いてあるどの言葉の意味もとらえられない……という状況だと、何を言いたい文章なのかを理解するのは難しいでしょう。

「何を言いたいのかをつかむ力」「語彙」「常識・知識」。おわかりのように、どれも一朝一夕で身につくものではありません。言い換えれば、積み重ねや習慣といったものの力こそが、大きいのです。幼児期の子どもの、読解力に関連する積み重ねや習慣には、家庭の言語環境が大きな部分を占めています。それは、ご家庭での言葉遣いが正確であるか、子どものちょっとした言い回しの間違いをさっと修正できているか、新しい知識や新しい言葉へのアクセスがしやすい環境であるか、といったことです。

　この本は、その「家庭での積み重ねや習慣」を充実させる一助となるべく作られたもので、読解力をパズル問題形式で養うことができるようになっています。新しい文型や表現にご家庭で楽しく触れるきっかけとして、ご活用いただければと思います。

「丁寧に読んだからこそ、わかった！」という、計算や作業では味わえない快感を知ると、読むことの楽しさはぐんと増します。そうやって、読むことの面白さが根付くと「そこを読み落としていたからわからなかったのか」「ん？　何を言いたいのかな？」といったように、読むこと全般に知的格闘としての感動を見出すようになっていくことでしょう。読むことを楽しめるということは、世界を広げていくということにつながっているのです。子ども用ドリルとは思わず、ぜひ親子でも楽しく考えてみてください。

　本書を通じて、前向きに読む経験を多くの子どもが積み、新しい世界を知るきっかけのとなってくれることを祈ります。

花まる学習会代表　高濱正伸

考える力がつく**読解力なぞペ〜**

もくじ

読解力なぞペー 問題

読解力なぞペー   問題

この本の使いかた

1　問題のレベル

　本書の問題のレベルはＡ問題、Ｂ問題と大きく２つに分かれています。どちらも、小学校２〜3年生くらいの子が解くことを念頭において作ってありますが、語彙や知識の多寡をのぞけば、ほぼすべての学年の子が取り組むことができます。

　問題ごとの連続性はありませんので、どこから取り組んでいただいてもかまいません。各問題のページの裏には、ルールや設定は類似していて少しだけ難しくなっている「類題」を掲載してあります。類題の解答は巻末でまとめてごらんいただけます。

2　おうちの方にお願いしたいこと

　問題を正しく解くことで能力を伸ばすということ以上に「前向きに、意味をつかもうとして読む」という体験を積むこと、「読めたからわかった！」という実感を味わうことが本書の目的です。その点で、最も大事なのは保護者の言葉です。

　鉛筆を持つ手が止まっているのは、もしかしたらじっくり読んでいるからかもしれません。気ぜわしく「ちゃんと読めばわかるでしょ」などといった形ではっぱをかけたり、「さっきはできたじゃない」などと感情的な言葉や否定的な声かけで追い込むことは、読もうとする前向きな気持ちを消失させてしまう最大の要因です。くれぐれもご注意ください。

　じっくりと没頭して読む。その体験をさせることを大切にしてください。

　また、語彙知識や、論理性をとらえて文章を読み進める力は、小学校高学年以降に読む文章量が増えることでも伸びていきます。小学校２〜3年生の子が、条件や設定の読み取りを完璧な形で自力で行えないのは、努力が足りないとか能力が足りないといったためではありません。

「面白そうな問題だね！」「じゃあわたしも一緒に読んでみようかな！」「この言葉はこういう意味だね」といったように、それまでお子さんが考えてきたプロセスを大事にして声かけをし、意味理解をサポートいただければと思います。

3　おもな問題の種類

A1　人間プログラミング

最後のポーズ・姿勢がどうなっているかを頭において、そこまでのプロセスを穴埋めしていきます。前後の文脈を正しく読み取らなければ、答えることができない問題になっています。本当にそうなるのかを読み直したり、身体を動かしたりしてチェックできるので、試行錯誤しながら、合っているかどうかを実感しやすい問題です。

A3　1/4クイズ

算数の文章題のミスでよくあるのが、文や文章の途中でまでしか読まず、全部がわかったように思い、最後の重要な情報を読み落としてしまう、というケースです。この問題は、問題文の末尾まで読まないと答えを選べないようになっています。丁寧に読んで「これだ！」「読めた！」と発見できた喜びを味わってもらう問題です。

A4　まどわしパズル

日本語の品詞の中でも、とても大事な「助詞」をテーマにした問題です。絵と○の入った文を照らし合わせ、登場するものどうしの主述関係をつかみ、助詞へ落とし込みます。一見シンプルですが、助詞を入れながら他の空欄との意味の整合性をとっていくマルチな作業です。

A5　読みまちがい

正しく再現することが求められる「取り扱い説明書」や「レシピ」といったたぐいの文章がありますね。仕事で言えば業務マニュアルや契約書を正しく読む力も大事です。イラストをもとに、手順（レシピ）をさかのぼって検証してもらいます。プロセスを1つずつチェックしていく慎重さが求められます。

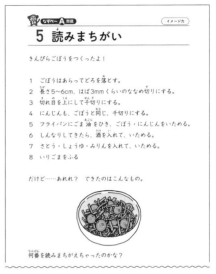

A6　なぞとき！　花まるパーク

与えられた情報（文字・表）と問題文を抜けなく読み、なぞときをしてもらいます。問題文を読みかえたり、表や図と問題文を往復したりすることを楽しんで体験してもらえればと思います。「開園時間＝営業時間」といったように、言葉どうしの意味をつなぐことも必要です。

A8　せつめいぶそく

一部が欠けている、不完全な説明文。その「欠け」がなんなのかを、他の絵と正解の絵、そして文章を比べて発見できたでしょうか。「この条件が加われば確定する」といったように「網羅する感覚」を味わえる問題です。

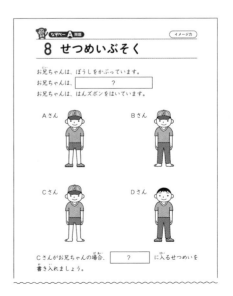

A9　ひんしめいろ

名詞や動詞といった品詞の定義を知り、それを使って迷路に登場する単語について、該当する品詞かそうでないかを判断します。日本では中学生以降にしっかりと習う文法知識ですが、小学生のうちに理解しておくこともちろん可能ですし、品詞知識が確かだと英語学習にも確実なアドバンテージになります。

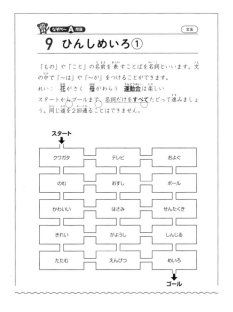

A10　ペアリング

同じ言葉でも、ものそのものの意味や、慣用表現としての意味など、多様な意味があるということを知ってもらいたい問題です。解けなくても、解説で「へ～！そうなんだ～！」と面白がってもらえれば十分です。

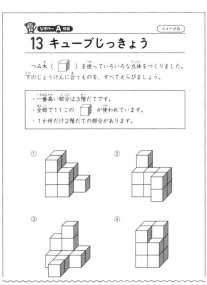

A13　キューブじっきょう

条件をよく読んで、図と照らし合わせましょう。条件が複数あるので、上から読んでもすぐには選択肢を絞り込めません。最後まで、辛抱強く検討することが必要ですし、それぞれの選択肢の意味を、図と照らし合わせて理解しなければなりません。一度で読み解けたら素晴らしい！

A14　ダメダメ問題をさがせ

普段、学校などでは、答えが必ずある問題、つまり「正しい問題」にばかり向き合う子どもたちですが、ここでは「ダメダメな＝間違った」問題になってしまう選択肢を選んでもらいましょう。「？」より上の文章でどんな情報が提示されているかをしっかり把握した上で、選択肢の意味と整合するかを照らし合わせることが求められます。

A15　葉っぱのつき方

新しく知った言葉とそれが持つ意味を自分なりに推測して図と照らし合わせ、適合するものを選ぶ問題です。「たがいちがいに」「向かい合って」「3まいいじょうの」といったようにたった一文節の違いで、まったく意味が変わります。図鑑に見られるような簡潔かつ的を射た表現にも親しんでほしいですね。

A17　文せつパズル

お題の文と同じ意味になるように、文節どうしを組み合わせる問題です。主語の入れ替えや、それにともなう能動・受動の入れ替えが必要になります。声に出しながらやると、整合性がとれているかのチェックがしやすいでしょう。「使わないもの」があることにも気を付けてください。

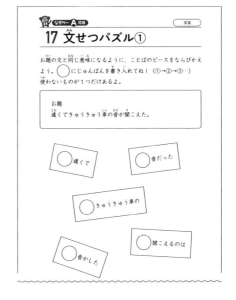

A18　ルートをたどれ

証言をもとに、その人のたどった道を再現してもらいます。少し長めの文章を、地図と往復しながら正しく読み取り、正しい順番でたどっていきましょう。余計な情報も入っているのですが、重要なものだけに重みづけをし、読み落とさずに進むことが大事です。

B4　だれとだれ

「それぞれ」「さえ」「だけ」「しか」「ずつ」のような、数文字でありながらとても重要な意味を持つ言葉（「機能語」と呼ばれることがあります）。子供のみならず、大人でも読み落とすことの多い言葉です。こういった言葉の意味を理解し、使えるようになることは、簡潔な説明ができる力につながります。

B5　文しょうスケッチ

文章のみで構成された問題です。頭の中でイメージしきれたら素晴らしいですが、難しければ空いているスペースに簡単な絵を描いて考えてみましょう。絵に描けているか（どんな絵を描いたのか）ということから、的確に読み取れているか（どんな風に読んでいるのか）がわかります。

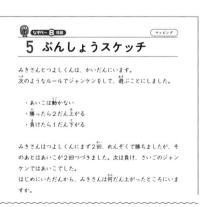

B7　ここはどこ？

指示語をテーマにした問題です。日常生活での話し言葉には、「あれとって」とか「それなに？」といったように、指示語がとてもよくつかわれますね。

文字としては同じ「こっち」。けれども示しているルートは違います。指示語の前後の内容を注意深く読めばすっきりと解けるでしょう。

B10　組み立てて進め

文節に分けられた迷路の部屋を通って、絵の内容を完成させていきます。たくさんの文章を読みなれている子には造作もないと感じられるでしょう。引っかかっているな、という場合には、音読をしながらやってみることをお勧めします。

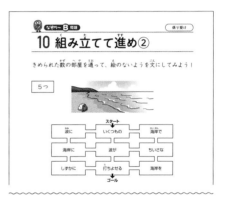

B15　交かんあり？

文の中の言葉どうしには意味のつながりがあるということを体感してもらうための問題です。「あれ？　意味が変わっちゃった！」という発見や驚きを体験することで、言葉一つ一つに敏感になります。自分が書くものへの意識も高まっていくことでしょう。

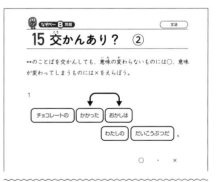

問題図版作成 ● 広田正康

カバーイラスト・挿画 ● the rocket gold star

デザイン・DTP ● 南山桃子

考える力がつく

読解力なぞペ〜

A

問題

1 人間プログラミング

（　　　　）にあてはまることばを入れてね！

ミッション
1歩前で、前ならえ！

1歩

「気をつけ」からスタート！

1　右足を、1歩前に出す。

2　（　①　）足を、右足のとなりにそろえる。

3　（　②　）うでを、かたの高さまで上げて前に（　③　）。

①＿＿＿＿＿＿＿＿＿＿＿＿＿＿＿＿＿＿

②＿＿＿＿＿＿＿＿＿＿＿＿＿＿＿＿＿＿

③＿＿＿＿＿＿＿＿＿＿＿＿＿＿＿＿＿＿

1 人間プログラミング

答えと解説

① 左　② 両　③出す（「のばす」などもせいかいです）

類題

（　　）にあてはまることばを入れてね！

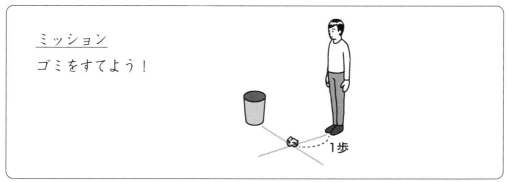

ミッション
ゴミをすてよう！

1歩

1　右足を1歩前に出す。

2　（　①　）足を右足のとなりにそろえる。

3　その場で（　②　）。

4　ゴミをひろう。　※ひろう：ものが近くにあったら手でつかむ。

5　その場で（　③　）。

6　90度、（　④　）に回る。

7　（　⑤　）足を1歩前に出す。

8　左足を（　⑥　）前に出す。

9　ゴミをゴミばこにすてる。

　　※すてる：手に持った物を、目の前のいれものに入れる。

①_____　②_____

③_____　④_____

⑤_____　⑥_____

2 何の話？

何のりょうりのことを話しているのかな？

できたよー。

ありがとう！ ソースのいいにおい！
食べたいって言ったの、
おぼえていてくれたんだね。

いただきまーす！
あ、マヨネーズもかけよう。
さてと、よしっ！ぱくっ…もぐもぐ…

いただきまーす！
ぱくっ！もぐもぐ……んん!?

かんじんのタコを入れわすれてたー！

2 何の話？

答えと解説

たこやき

類題

何のことを話しているのかな？

（でんきやさんにて）

わあきれい！

すごく色があざやかだね！

うちのはこわれちゃったからね……。

これは大きいね！　わたしが両手をのばしたの
と同じくらいのはばがあるね。

これがいいね！
うちにあったものより、とてもうすいね。

イメージ力

3 1/4クイズ①

次の文は、①～④のうち、どれをせつめいしていますか？

1　うさぎが右上に、犬が左下にいます。

2　三角形と四角形がそれぞれ上と下にあります。
　真ん中にある図形は真っ黒です。

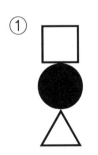　　　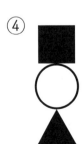

3 1/4 クイズ①

答えと解説

1 ②
2 ②

2で「三角形と四角形がそれぞれ上と下にあります」
というとき、「上に三角形があり、下に四角形がある」
ということもしめしています。

類題

次の文は、①～④のうち、どれをせつめいしていますか？

1. 丸の中に三角形が4つあり、丸は大きな四角形の中にあります。

① 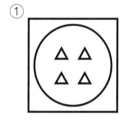　② 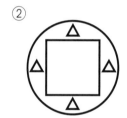　③ 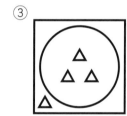　④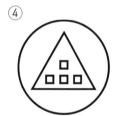

2. ○が3つ、□が2つならんでいるところがあり、△ははじにはありません。

① 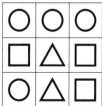　② 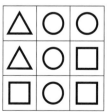　③ 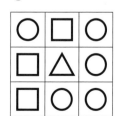　④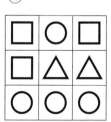

4 まどわしパズル

◯に入る文字を ☐ からえらんで、答えよう！

1回ずつしか使えないよ。

> の　と　を　の　を　は

1　お父さん◯つみ木◯高くつむきょうそう◯した。

2　お父さん◯つみ木◯高すぎてくずれてしまった。

だから、ぼく◯勝ち！

4 まどわしパズル

答えと解説

　　1　と、を、を
　　2　の、は、の

類題

◯ に入る文字を ▭ からえらんで、答えよう！

1回ずつしか使えないよ。

> が　　の　　な　　に　　か　　が　　に

1　丸い月◯空◯のぼる。

2　空◯丸い月◯、夜道をてらす◯◯、

さんぽ◯出かける。

イメージ力

5 読みまちがい

きんぴらごぼうをつくったよ！

1　ごぼうはあらってどろを落とす。

2　長さ5～6cm、はば3mmくらいのななめ切りにする。

3　切れ目を上にして千切りにする。

4　にんじんも、ごぼうと同じ、千切りにする。

5　フライパンにごま油をひき、ごぼう・にんじんをいためる。

6　しんなりしてきたら、酒を入れて、いためる。

7　さとう・しょうゆ・みりんを入れて、いためる。

8　いりごまをふる。

だけど……あれれ？　できたのはこんなもの。

何番を読みまちがえちゃったのかな？

5 読みまちがい

答えと解説

4

千切りとは「はば1〜2mmに細く切ること」。「にんじんも、ごぼうと同じ、千切りにする」とありますが、イラストでは「わぎり」（丸いぼうのような形のものを、はしから直角に一定のあつさで切ること）になっています。

類題

あさりのおみそしるをつくったよ！

1　あさりをこすりあわせて、よくあらいます。
2　あさりをボウルに入れ、しお水につけて、ふたをして、すなをぬきます。
3　あさりがすなを出し終えたら、なべに入れます。
4　なべに水を入れて、ふっとうさせます。
5　あさりの口が開いたら、火をとめてみそをとかし入れます。

だけど……あれれ？　できたのはこんなもの。

何番を読みまちがえちゃったのかな？

6 なぞとき! 花まるパーク

花まるパークに遊びに来たよ!　今日は12月20日です。

えいぎょう時間

12月～5月	あさ10時～よる7時
6月～11月	あさ9時～よる8時

花まるパークまでのアクセス

	あるいて	バスで
あさがお駅から	5分	3分
たんぽぽ駅から	10分	5分

ふれあいイベントのごあんない

時間　動物	おひるの部		ゆうがたの部	
	10時～12時	1時～2時	4時～6時	6時～7時
モルモット	○	○	×	○
ウサギ	○	×	×	○
アルパカ	×	○	○	×

1　たんぽぽ駅から花まるパークまで バスで行くと、何分かかるかな?

_____ 分

2　開園の (　　　　) 時と同時に花まるパークに入ろう!

_____ 時

3　12時までにウサギにさわりたいな!　ふれあいイベントには、何時から何時のあいだに行けばいいかな?

_____ 時 ～ _____ 時

25

6 なぞとき！　花まるパーク

答えと解説

1　5分　　2　10時　　3　10時～12時

類題

花まるパークに遊びに来たよ！　帰るまでの時間は50分です。

アトラクションしよう時間

アトラクション	ならんでからアトラクションが終わるまでにかかる時間
ジャットコースター	1時間30分
おばけやしき	45分
ゴーカート	35分
かんらん車	40分
かいぞく船	25分
コーヒーカップ	5分
メリーゴーラウンド	10分

アトラクションの身長せいげん

ジェットコースターとかいぞく船は安全のため、×がついているところにあてはまる人は乗ることができません。

身長（cm）	おとなといっしょ	子供だけ
～110cm	×	×
111cm～125cm	○	×
126cm～	○	○

できるだけ、**たくさんのしゅるいの**アトラクションに乗りたい！

だけど、全員、**身長が125cmよりひくい**ね。おとなもいないし……。

どのアトラクションを回ればいいかな？

_____と_____と_____

26

7 くらべてみたら

文をあらわす図として、正しいほうに○をつけましょう。

AはBよりもアリの数が少ない。

① 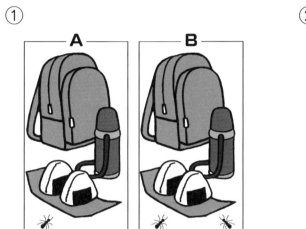　②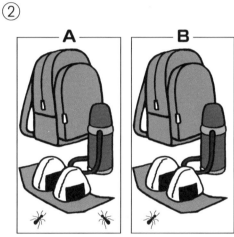

BとCを合わせたよりもAは短い。

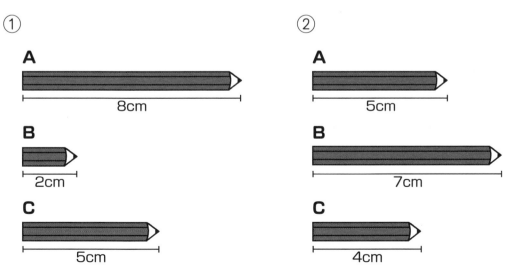

① A 8cm
B 2cm
C 5cm

② A 5cm
B 7cm
C 4cm

7 くらべてみたら

答えと解説

AはBよりもアリの数が少ない。 ①
BとCを合わせたよりもAは短い。 ②

類題

文をあらわす図として、正しいほうに〇をつけましょう。

AはBよりもいちごの数が少ない。

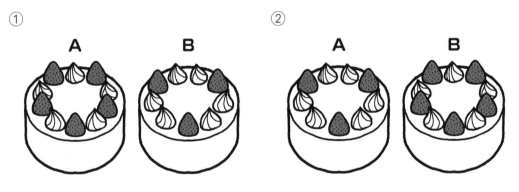

BはCやAよりも少ない。

8 せつめいぶそく

お兄^{にぃ}ちゃんは、ぼうしをかぶっています。

お兄ちゃんは、| 　　　　　？　　　　 |

お兄ちゃんは、はんズボンをはいています。

Aさん

Bさん

Cさん

Dさん

Cさんがお兄ちゃんの場合^{ばあい}、| 　　？　　 | に入^{はい}るせつめいを
書^かきましょう。

8 せつめいぶそく

答えと解説

くつをはいていません。

（「くつがありません」「はだしです」などもせいかいです）

類題

友だちの家に遊びに行く前に、ケーキをおみやげに買っていきます。

・買ったケーキには、いちごが2こ、のっています。

・ケーキの中にもいちごが入っています。

・| ？ |

A
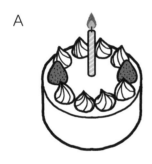

B
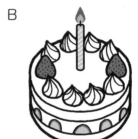

C
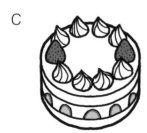

D
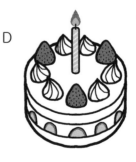

買ったケーキがBの場合、| ？ | に入るせつめいを書き入れましょう。

9 ひんしめいろ①

「もの」や「こと」の名前を表すことばを名詞といいます。
文の中で「〜は」や「〜が」をつけることができます。

れい：　花が さく　　母が わらう　　運動会は 楽しい

スタートからゴールまで、名詞だけを**すべて**たどって進みましょう。同じ道を２回通ることはできません。

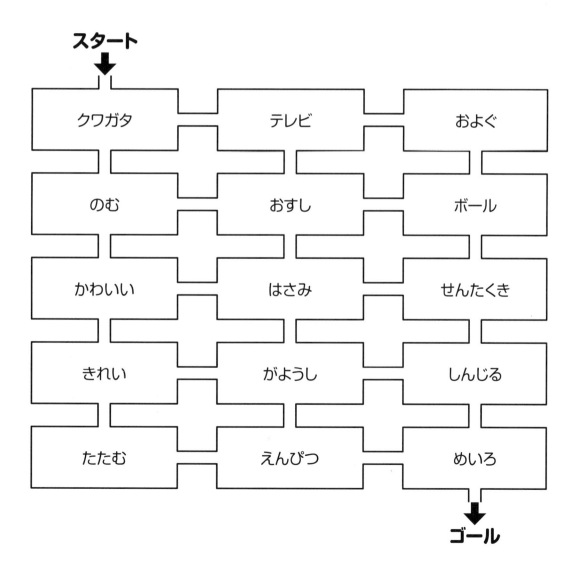

9 ひんしめいろ①

答えと解説
こた かいせつ

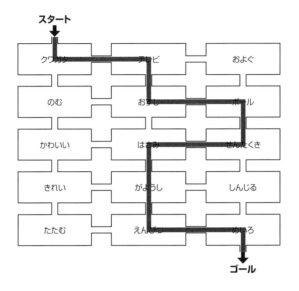

類題
るいだい

スタートからゴールまで、名詞だけをすべてたどって進みましょう。
めいし すす
同じ道を2回通ることはできません。
おな みち かいとお

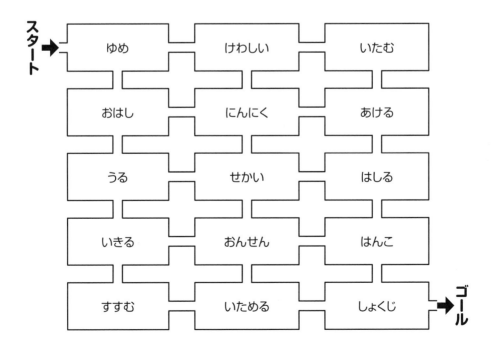

10 ペアリング

同じ意味で使われているものを線でむすんで、ペアにしよう！

人こそ人の<u>かがみ</u>。 ●

<u>かがみ</u>にうつった自分におどろいた。 ●

● <u>かがみ</u>もちは、丸くて平らで、<u>かがみ</u>ににていることからついた名だ。

● あの人は先生の<u>かがみ</u>だ。

<u>目玉</u>がとび出るくらいおどろいた。 ●

● 大きな2つの<u>目玉</u>がこちらを見つめる。

この絵がこのびじゅつかんの<u>目玉</u>だ。 ●

● <u>目玉</u>の商品はこちらです。

10 ペアリング

答えと解説

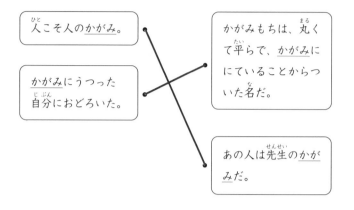

人こそ人の<u>かがみ</u>。	かがみもちは、丸くて平らで、<u>かがみ</u>ににていることからついた名だ。
<u>かがみ</u>にうつった自分におどろいた。	あの人は先生の<u>かがみ</u>だ。

「かがみ」には「人の手本。もはん」という意味もあります。

- -

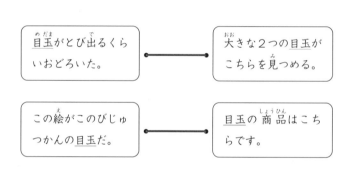

<u>目玉</u>がとび出るくらいおどろいた。	大きな2つの<u>目玉</u>がこちらを見つめる。
この絵がこのびじゅつかんの<u>目玉</u>だ。	<u>目玉</u>の商品はこちらです。

「目玉」には「多くの売り物の中で、とくに注目される物。また、多くの中で中心となる物事」という意味もあります。

類題

同じ意味で使われているものを線でむすんで、ペアにしよう！

勝負で、打つ<u>手</u>がなくなった。	植物の世話には<u>手</u>がかかる。
その<u>手</u>には乗らない。	<u>手</u>のこんだ細工がほどこされた、おき物。

11 せつぞくクイズ

正しくつながるように線をつなげよう。

| わたしがこの本を何度も読む | わたしがおなかがいたくて、ないていた | みんなと公園で遊ぶやくそくをしていた |

のは　　　　のに　　　　ので

宿題が終わらず、公園に行けなかった。

かわいい絵を見るのが楽しいからだ。

先生がほけんしつにつれていってくれた。

11 せつぞくクイズ

答えと解説

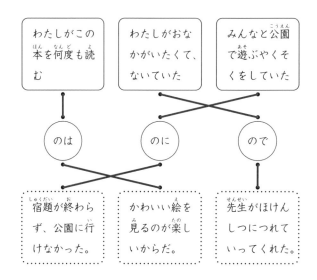

わたしがこの本を何度も読む	わたしがおなかがいたくて、ないていた	みんなと公園で遊ぶやくそくをしていた

のは　　のに　　ので

宿題が終わらず、公園に行けなかった。	かわいい絵を見るのが楽しいからだ。	先生がほけんしつにつれていってくれた。

類題

正しくつながるように線をつなげよう。

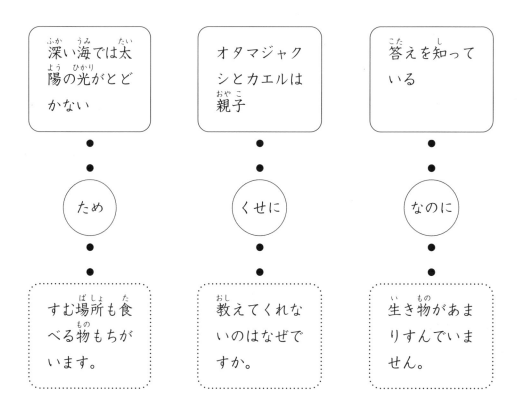

深い海では太陽の光がとどかない	オタマジャクシとカエルは親子	答えを知っている

ため　　くせに　　なのに

すむ場所も食べる物もちがいます。	教えてくれないのはなぜですか。	生き物があまりすんでいません。

12 ゴロゴロ

「ゴロゴロ」ということばには、いくつか意味があります。
その使い方として、ふさわしいものをすべてえらびましょう。

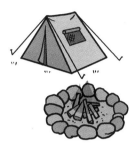

①ゴロゴロとキャンプへ出かける。

②遠い空で、ゴロゴロとかみなりが鳴っている。

③この通りには、自動はんばいきがゴロゴロある。

④ゴロゴロしていないで、外に出かけよう。

12 ゴロゴロ

答えと解説

②③④

「ゴロゴロ」には

・かみなりの鳴る音
・あちこちにたくさんあるようす
・何もしないで、だらけて時をすごすようす

といった意味があります。

類題

「ステップ」ということばには、いくつか意味があります。
その使い方として、ふさわしいものをすべてえらびましょう。

①バスのステップに気をつけてね！

②先生のダンスステップは、とてもすばらしい。

③うれしくて、ぼくはステップした。

④1つずつステップをふんで、進めていこう。

13 キューブじっきょう

つみ木（）を使っていろいろな立体をつくりました。
下のじょうけんに合うものを、すべてえらびましょう。

・一番高い部分は3階だてです。
・全部で11このが使われています。
・1か所だけ2階だての部分があります。

---

①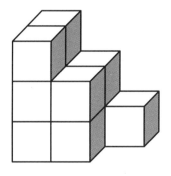

②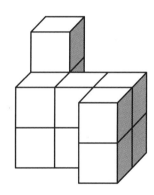

③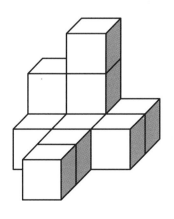

④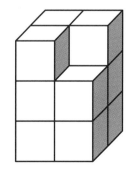

13 キューブじっきょう

答えと解説

③④

類題

つみ木（ 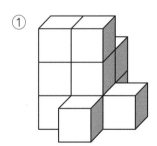 ）を使っていろいろな立体をつくりました。
下のじょうけんに合うものをすべてえらびましょう。

・全部で10この が使われています。

・3階だての部分が2か所あります。

・一番ひくい部分は2階だてです。

①

②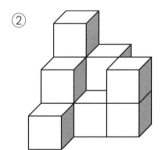

③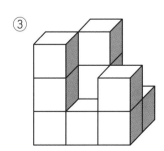

④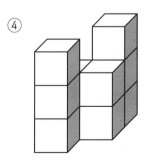

14 ダメダメ問題を探せ

| ? | に入れたらおかしいものは、①～④のうちどれ？

りえさんは買い物に行きました。120円の消しゴムと60円のえんぴつと150円のノートを買おうとしましたが、お金が足りなかったので、えんぴつとノートだけ買いました。

| ? |

①りえさんは何円持っていたのでしょうか？

②かかったお金はいくらでしょうか。

③全部買ったらいくらになるでしょうか？

④消しゴムを買うお金でえんぴつを何本買えるでしょうか。

入れたらおかしいものは＿＿＿＿＿＿＿＿＿＿

14 ダメダメ問題を探せ

答えと解説

①

問題文からは、持っていたお金は210円より多く、330円より少ないということしかわかりません。

類題

?　に入れたらおかしいものは①～④のうちどれ？

> クッキーが5まいずつ入ったふくろを3つもらいました。ひろみさんは、2まい食べて、のこりをお父さんとおばあちゃんにわたしました。
>
> ?

①クッキーははじめに全部で何まいあったでしょうか。

②のこっているクッキーは何まいでしょうか。

③おばあちゃんは全部で何まいクッキーを食べましたか。

④お父さんは1まいだけ食べて、のこりをおばあちゃんにわたしました。
　おばあちゃんは何まいクッキーをもらったことになりますか？

入れたらおかしいものは＿＿＿＿＿＿＿＿

15 葉っぱのつき方

植物の葉のつき方には、いくつかしゅるいがあります。
下の文章と絵をてらしあわせて、ア～ウに入る番号を答えましょう。

> ア とは、くきのふしに1まいの葉がたがいちがいに
> つくことです。
>
> イ とは、くきのふしに2まいの葉が向かい合ってつ
> くことです。
>
> ウ とは、くきのふしに3まいいじょうの葉がつくこ
> とです。

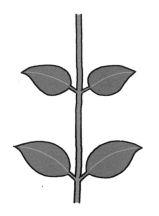

①対生（たいせい）

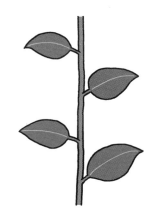

②互生（ごせい）

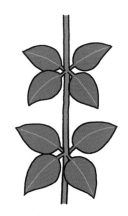

③輪生（りんせい）

ア＿＿＿＿＿＿　　　　イ＿＿＿＿＿＿　　　　ウ＿＿＿＿＿＿

15 葉っぱのつき方

答えと解説

ア② イ① ウ③

類題

花の形には、いくつかしゅるいがあります。下の文章と絵をてらしあわせて、ア～ウに入る番号を答えましょう。

> | ア | とは、花の先っぽがくびれている形です。
>
> | イ | とは、つつ形または先っぽが少しふくれている形です。
>
> | ウ | とは、先に向かって次第に広がり、外に向かって円形になる形です。

①ろうと形

②つぼ形

③鐘形（かねがた）

ア＿＿＿＿＿＿＿ イ＿＿＿＿＿＿＿ ウ＿＿＿＿＿＿＿

16 ひんしめいろ②

文の中で、動きをあらわすことばを動詞といいます。

動詞はのばすと「～う」の音になる字で終わります。

れい：走る　　食べる　　読む　など

スタートからゴールまで、動詞だけを、**すべて**たどって進みましょう。同じ道を2回通ることはできません。

たとえば「カエル」は、のばすと「う」で終わりますが、動きをあらわしていないので、動詞ではありません。

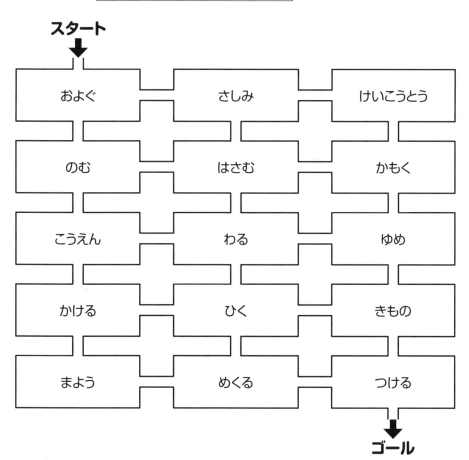

スタート

およぐ	さしみ	けいこうとう
のむ	はさむ	かもく
こうえん	わる	ゆめ
かける	ひく	きもの
まよう	めくる	つける

ゴール

16 ひんしめいろ②

答えと解説

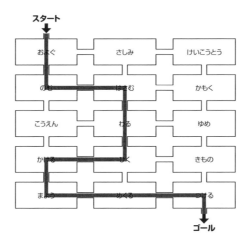

類題

スタートからゴールまで、動詞だけを、すべてたどって進みましょう。同じ道を2回通ることはできません。

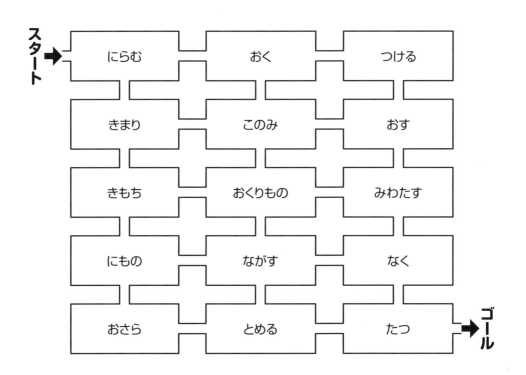

17 文せつパズル①

お題の文と同じ意味になるように、ことばのピースをならびかえよう。◯にじゅんばんを書き入れてね！（①→②→③…）
使わないものが１つだけあるよ。

お題
遠くできゅうきゅう車の音が聞こえた。

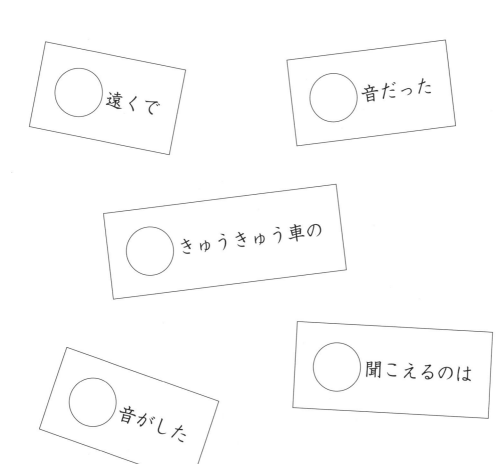

17 文せつパズル①

答えと解説

① 遠くで

④ 音だった

③ きゅうきゅう車の

② 聞こえるのは

◯ 音がした

「遠くできゅうきゅう車の音がした」も意味は同じですが、使わないピースが２つになってしまいます。

類題

お題の文と同じ意味になるように、ことばのピースをならびかえよう。◯にじゅんばんを書き入れてね！（①→②→③…）
使わないものが１つだけあるよ。

お題
交番に来たのはひろったお金をとどけるためだ。

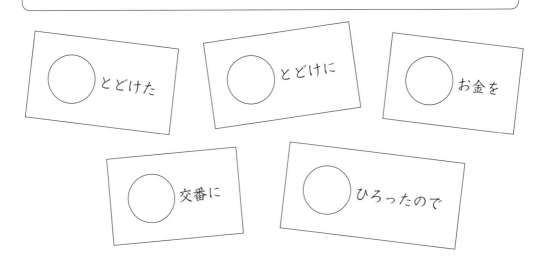

◯ とどけた

◯ とどけに

◯ お金を

◯ 交番に

◯ ひろったので

18 ルートをたどれ

ゆうとくんは、ある日、出かけました。

食パンを買ってきて、とたのまれたので、まずはパンやさんへ行きました。そのあと、学校にわすれ物をしたのを思い出したので、川ぞいの道を通って学校まで行きました。わすれ物を受け取ったあと、さくらの木があるところまで行ってしばらく線路を見ていました。ぼくは電車がすきなのです。「はやぶさが通らないかなあ」と思って5分くらいそこにいました。そのあと、家に帰りました。全部、一番近い道を通って行ったよ。

ゆうとくんの通った道のりを ━━ で書き入れましょう。

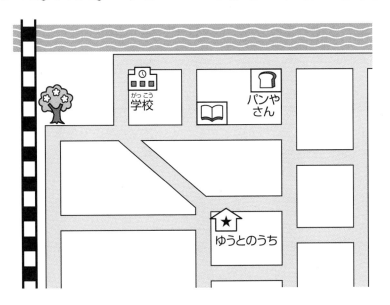

18 ルートをたどれ

答えと解説

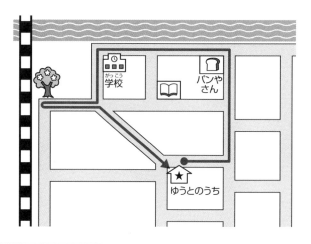

類題

よし子さんはある日、おばあちゃんの家に一人で行きました。

> 駅で電車をおりてから、おみやげにケーキを買っていきました。しんごうのところでまちがえて右に曲がってしまいました。すぐにまちがいに気づいて、次のこうさ点を左に曲がって、その次のこうさ点をまた左に進んで、おばあちゃんの家に着くことができました。しんごうのところでまちがえるまでは、一番近い道を通りました。

よし子さんの通った
道のりを ━━ で
書き入れましょう。

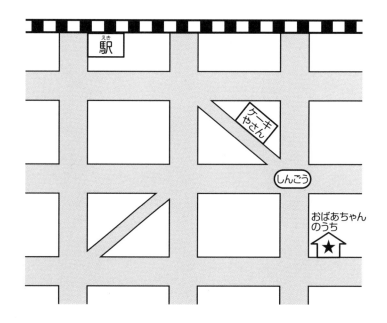

19 一番さいごは？

一番さいご、│ **？** │の部分が消えてしまいました！

答えはわかっているのですが……。

①〜③のうち、どれを入れればいいでしょうか？

かけっこをしました。「よーい、ドン！」まるるはスタートしたときには一番さいごでしたが、とちゅうで2人ぬかし、さいごに、ちびはなをぬかして、なんと1いでゴールしました！

│ **？** │

答え：4人

---

①まるるは全部で何人ぬかしたのでしょうか。

②かけっこは、全部で何人でやっていたでしょうか。

③まるるがスタートしたとき、前に何人いたでしょうか。

19 一番さいごは？

答えと解説

　　　②

類題

一番さいご、　?　の部分が消えてしまいました！
答えはわかっているのですが……。
①～③のうち、どれを入れればいいでしょうか？

「行ってきます！」まるるは元気に学校へ向かって出発しました。
しかし、うわばきをわすれていたことを、とちゅうで思い出して、
家にかえりました。「行ってきます！」また出発しましたが、今度
はじしょをもってくることになっていたのを思い出し、また家にも
どりました。「今度はほんとに行ってきます！」

?

答え：2回

---

①まるるが「行ってきます」といったのは何回でしょうか。

②まるるはどこに向かって出発したのでしょうか。

③まるるは、何回、家にもどったでしょうか。

20 組み立てて進め①

きめられた数の部屋を通って、絵のないようを文にしてみよう！

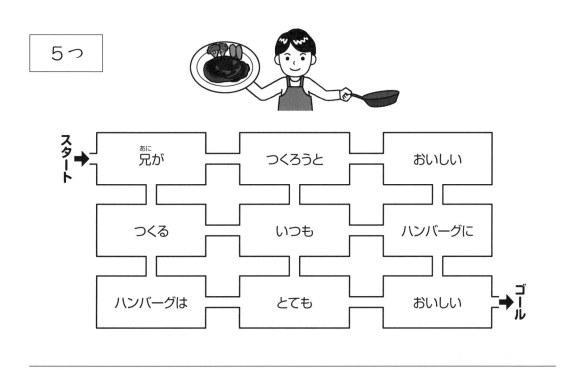

5つ

スタート→ 兄が	つくろうと	おいしい
つくる	いつも	ハンバーグに
ハンバーグは	とても	おいしい →ゴール

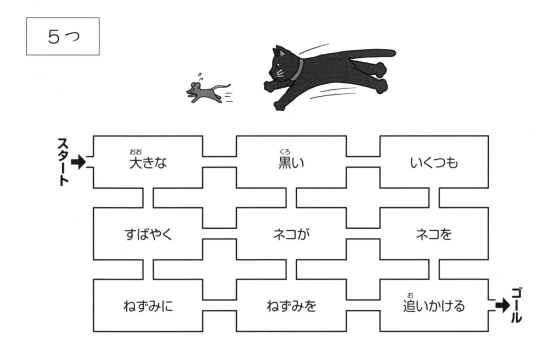

5つ

スタート→ 大きな	黒い	いくつも
すばやく	ネコが	ネコを
ねずみに	ねずみを	追いかける →ゴール

20 組み立てて進め①

答えと解説

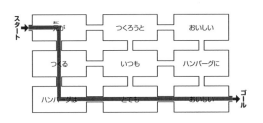

兄がつくるハンバーグ
はとてもおいしい

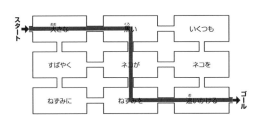

大きな黒いネコが
ねずみを追いかける

類題

きめられた数の部屋を通って、絵のないようを文にしてみよう！

5つ

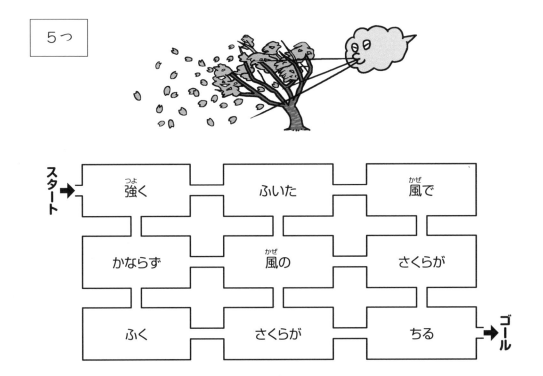

考える力がつく

読解力なぞペ〜

B

問題

1 ひんしめいろ③

文の中で、様子をあらわし 「い」で終わることばを形容詞といいます。

れい：かわいい　さびしい　わかい

形容詞には「〜は」や「〜が」をつけることはできません。スタートからゴールまで、形容詞だけを**すべて**たどって進みましょう。同じ道を2回通ることはできません。

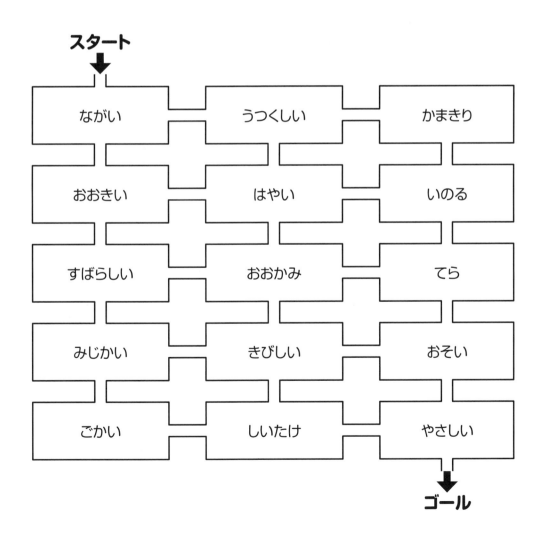

1 ひんしめいろ③

答えと解説

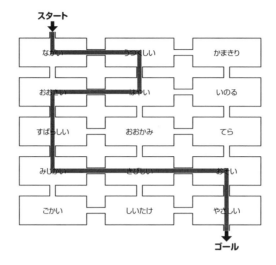

類題

スタートからゴールまで、形容詞だけをすべてたどって進みましょう。
同じ道を2回通ることはできません。

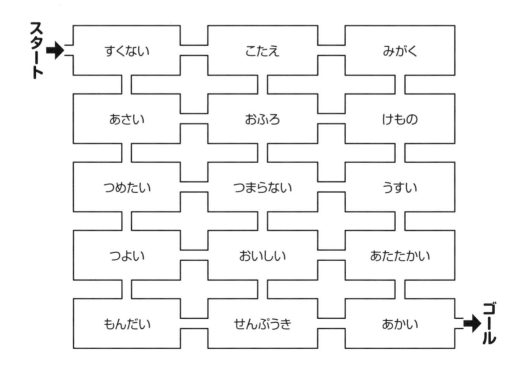

2 お祭り

お祭りにでかけたよ！　500円おこづかいをもらっています。
いろいろなお店があるね。

お祭りの出店

たこやき	5個200円
リンゴあめ	1本80円
金魚すくい	1回200円 ※1ぴきもすくえなかったら 100円お返しします
かき氷	120円 ※れんにゅうがけは+30円
ヨーヨーすくい	1回100円

だがしやさん

あめ	10円
グミ	20円
ポテトチップス	30円
アイス	40円
チョコ	20円

①まずはたこやきを買いました。そのあと金魚すくいにチャレンジしましたが、ざんねんながら1ぴきもすくえませんでした。あまいものが食べたくなったので、かき氷にれんにゅうをかけて食べました。おこづかいののこりは、いくらでしょう？

_____ 円

②のこったおこづかいをもって、だがしやさんへ行きました。できるだけ多くのしゅるいのおかしを買います。さて、何を買ったでしょうか。

_____

2 お祭り

答えと解説

①50円　②あめ・グミ・チョコ

類題

今日は運動会！　がんばるぞ！　赤組・青組・黄組の3組がたたかいます。
ぼくは青組だよ。

じゅんい	とく点
1い	100点
2い	50点
3い	30点
（おうえんがっせんのみ）とくべつしょう	20点

開始予定時こく	プログラム
9時	開会式
9時30分	しゅもく①大玉おくり
10時	しゅもく②つなひき
10時30分	おうえんがっせん
11時30分	しゅもく③しょうがいぶつきょうそう
12時	おべんとう

※開始時こくは予定から変わることがあります。おべんとうの時間は40分です。
　午後のさいしょのしゅもく（学年べつダンス）は、おべんとうが終わり次第始めます。

①おべんとう前の3しゅもくが終わりました。青組は、しょうがいぶつきょ
　うそうでは、3い、それいがいのしゅもくでは、すべて2いでした。また、
　おうえんがっせんでは、とくべつしょうをじゅしょうしました！　ここま
　での青組は何点でしょうか。

_____点

②とちゅうで雨がふってきたので、しょうがいぶつきょうそうの開始じこ
　くがおくれました。おべんとうを食べ始めたのは12時20分でした。学
　年べつダンスはいつ始まりますか。

_____時_____分

3 交かんあり？　①

↔のことばを交かんしても、意味の変わらないものには○、意味が変わってしまうものには×をえらぼう。

1

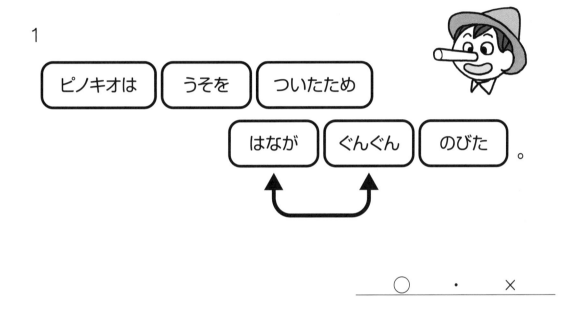

　　　　　　　　　　　　　　　　　○　・　　×

2

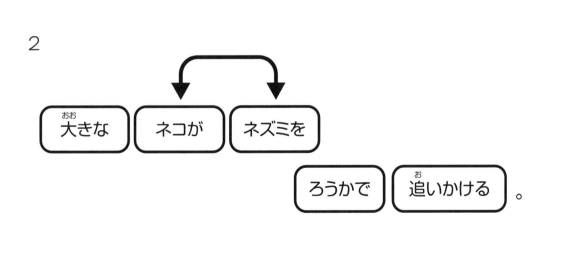

　　　　　　　　　　　　　　　　　○　・　　×

3 交_{こう}かんあり？　①

答_{こた}えと解説_{かいせつ}

1　○　　2　×

類題_{るいだい}

↔のことばを交_かかんしても、意味_{いみ}が変_かわらない場合_{ばあい}には○、意味が変わってしまう場合には×をえらぼう。

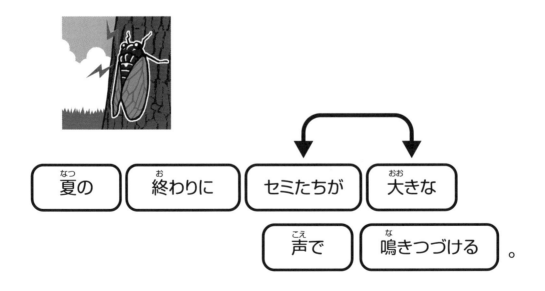

夏_{なつ}の　　終_おわりに　　セミたちが　　大_{おお}きな

声_{こえ}で　　鳴_なきつづける　。

———　○　・　×　———

4 だれとだれ？

同じしゅるいのおかしを食べたのは、だれとだれ？

たかし

大すきなあめを2つも食べられた！おせんべいとキャラメルは1つずつだけ……。

おせんべいを1まい、あめを2つ、キャラメルは1つしか食べていない。

まゆこ

みのり

ぼくはおくれてきたから、ラムネさえ食べていないよ……。

キャラメルは1つしか食べられていない。ラムネは5つも食べた。あめとせんべいは1つも食べてない。

けいと

せんべい3まい

キャラメル3つ

あめ4つ

ラムネ5つ

_____ と _____

4 だれとだれ？

答え（こた）と解説（かいせつ）

たかし　と　まゆこ

類題（るいだい）

ケーキとプリンをたくさんもらったよ！
全員（ぜんいん）が食（た）べたのは、何（なん）だったでしょうか？

（母／はは）

> チーズケーキだけ2つ、のこりのすべてのしゅるいは、1つずつ食べました。

（ぼく）

> ショートケーキ→チョコレートケーキ、とかわりばんこに食べようと思（おも）ったんだけど、3つめでおなかいっぱいになりました。

（父／ちち）

> ショートケーキがすきではないので、それだけ食べませんでした。

（弟／おとうと）

> まずはショートケーキから食べました。そのあとほかのしゅるいを、すべて1つずつ食べました。

チーズケーキ4つ

チョコレートケーキ4つ

ショートケーキ5つ

プリン3つ

5 文章スケッチ

みきさんとつよしくんは、かいだんにいます。
次のようなルールでジャンケンをして、遊ぶことにしました。

・あいこは動かない
・勝ったら2だん上がる
・負けたら1だん下がる

みきさんはつよしくんにまず2回、れんぞくで勝ちましたが、そのあとはあいこが2回つづきました。次は負け、さいごのジャンケンではあいこでした。
はじめにいただんから、みきさんは何だん上がったところにいますか。

　　　　　　　　　　　　　　　　　　　　　　　　　だん

5 文章スケッチ

答えと解説

3だん

みさきさんは全部で2回勝って、1回まけました。2回勝ったので4だん上がり、1回まけたので1だん下がったことになります。

類題

花だんにチューリップを植えます。
一番後ろの列は7本、その前の列は6本、その前は5本……というように植えていきます。ちょうど4列ぶん植えたあと、チューリップとチューリップのあいだにスイセンを植えることにしました。スイセンの左右にはかならずチューリップがあるようにすると、スイセンは何本あればいいでしょうか。

_____　　本

6 ◯うめ

1 絵をよく見て、◯に入るものを ☐ からえらぼう。
　一度しか使えないよ。

白い犬 ◯ います。　

白い犬 ◯ います。

白い犬 ◯ います。

も　　　と　　　が

2 **すべての** ◯ **に入るもの**を ☐ からえらぼう。

氷が水 ◯ なる。

ノート ◯ 消しゴムを使う。

先生が「こんにちは」◯ 言った。

で　　と　　の　　や

6 ◯うめ

答えと解説

1 （上から）が、も、と

2 と

類題

1 あいている部分に入るものを ▢ からえらぼう。
同じ形には同じ文字が入るよ。

雨◯風◯強い。

雨がふれ △ 、行かない。

雨がふる ▢ 、水たまりができる。

ば	と	も

2 **すべての ◯ に入る**ものを ▢ からえらぼう。

どうでもいい◯。

電車◯バスが通る。

あれ◯これ◯をカバンに入れる。

た	と	し	や

7 ここはどこ？

かなこさんはお父^{とう}さんにめいろを教^{おし}えてもらっています。
スタートからゴールまで、できるだけ近道^{ちかみち}を通^{とお}って進^{すす}むのがルールです。

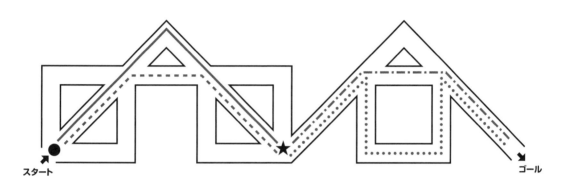

スタート　　　　　　　　　　　　　　　　　　　　　ゴール

お父さん　「●から★までだったら、こっち（①）よりもこっち（②）
　　　　　　のほうが近いでしょう？」

かなこ　　「うんうん」

お父さん　「ということは、のこりも同^{おな}じようにこの道（③）を
　　　　　　進めば一番^{いちばん}近いよね。」

かなこ　　「わかった！　ありがとう！」

①②③それぞれの「こっち」「この道」とはA、B、C、Dのどの
道のことでしょうか？

①_____　　②_____　　③_____

7 ここはどこ？

答えと解説

①B ②A ③C

類題

かなこさんはお父さんに、めいろを教えてもらっています。
スタートからゴールまで、できるだけ近道を通って進むのがルールです。

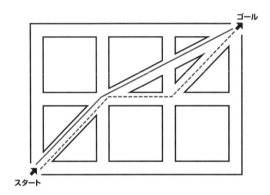

「この行き方（---）とこの行き方（—）

だと、この部分が同じだよね。
　　　　①

　　ということは、ここ と ここ のちが
　　　　　　　　②　　　③

いをくらべればいいんだよね。」

①②③はそれぞれ、A、B、C、Dのどの道のことをさしているでしょうか。

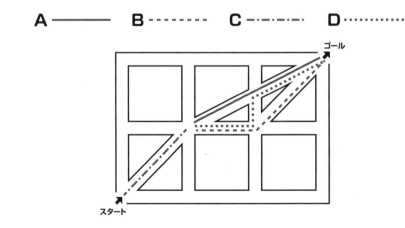

①＿＿＿＿＿＿　　②＿＿＿＿＿＿　　③＿＿＿＿＿＿

8 1/4 クイズ②

次の文は、①〜④のうち　どれをせつめいしていますか？

1　白い丸が右上にあり、白い丸と黒い丸の数が同じです。

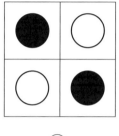　①　　　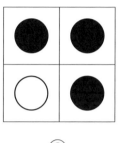　②　　　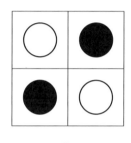　③　　　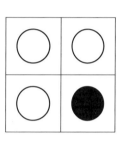　④

2　上のだんと下のだんのそれぞれの数字をたすと6になり、2
　と5はななめにとなり合っています。

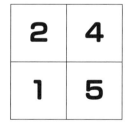

2	4
1	5

①

3	3
4	2

②

2	4
4	3

③

5	1
2	4

④

8 1/4 クイズ②

答え<ruby>こた<rt></rt></ruby>と解説<ruby>かいせつ<rt></rt></ruby>

　　　1① 　　　**2**①

類題<ruby>るいだい<rt></rt></ruby>

次<ruby>つぎ<rt></rt></ruby>の文<ruby>ぶん<rt></rt></ruby>は、①～④のうち　どれをせつめいしていますか？

1　×より○のほうが多<ruby>おお<rt></rt></ruby>く、○が1列<ruby>れつ<rt></rt></ruby>にならんでいます。

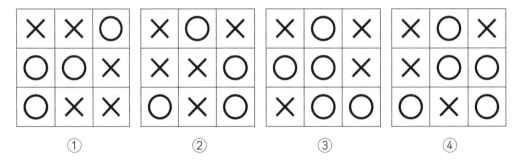

①　　　　　　　　②　　　　　　　　③　　　　　　　　④

2　花<ruby>はな<rt></rt></ruby>びらはすべて向<ruby>む<rt></rt></ruby>かい合<ruby>あ<rt></rt></ruby>ってついていて、2つの大<ruby>おお<rt></rt></ruby>きさのしゅるいが
　　あります。

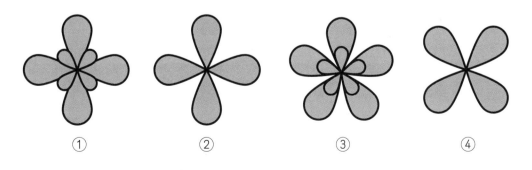

①　　　　　　　　②　　　　　　　　③　　　　　　　　④

9 文せつパズル②

お題の文と同じ意味になるように、ことばのピースをならびかえ
よう。◯にじゅんばんを書き入れてね！（①→②→③……）
使わないものが１つだけあるよ。

お題
宿題を終わらせたら、友だちと遊べる。

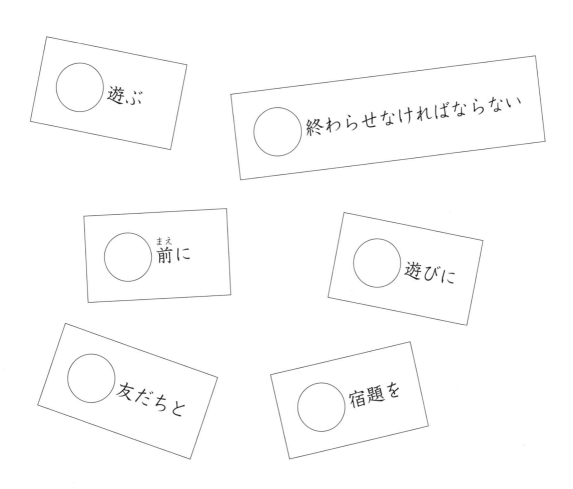

9 文せつパズル②

答えと解説

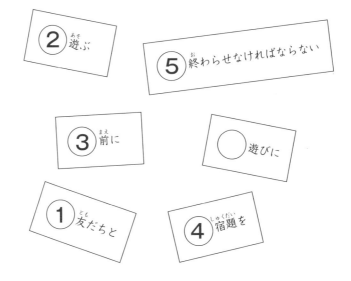

② 遊ぶ

⑤ 終わらせなければならない

③ 前に

◯ 遊びに

① 友だちと

④ 宿題を

類題

お題の文と同じ意味になるように、ことばのピースをならびかえよう。

◯にじゅんばんを書き入れてね！（①→②→③……）

使わないものが１つだけあるよ。

> お題
> 犬のさんぽに行くために、マフラーと手ぶくろを身につけた。

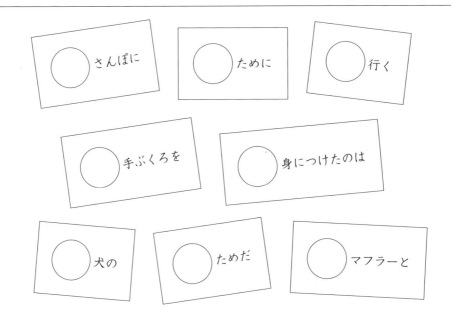

◯ さんぽに

◯ ために

◯ 行く

◯ 手ぶくろを

◯ 身につけたのは

◯ 犬の

◯ ためだ

◯ マフラーと

花まる学習会代表
高濱正伸ほか

考える力がつく
算数脳パズルなぞぺ〜シリーズ

シリーズ累計 **70**万部

25万部突破のベストセラーがリニューアル！

考える力がつく 算数脳パズル 高濱正伸

なぞぺ〜①②③ 改訂版

対象
5歳〜
小学3年

- 著者主宰の学習会で長年使われ、改良をかさねた良問ばかり。
- 小3までにしか伸ばせない、算数のセンスを身につけます。
- 子どもたちが夢中になる楽しい問題で、算数が大好きに。

①ISBN978-4-7942-2251-0 本体 1100 円　②ISBN978-4-7942-2252-7 本体 1100 円　③ISBN978-4-7942-2253-4 本体 1100 円

高濱正伸・川島慶

対象 5歳〜小学3年

考える力がつく 算数脳パズル　**迷路なぞぺ〜**

なぞぺ〜シリーズに、最高の思考体験ができる「迷路」が加わりました！
学習に必要な基本的な力と「絶対に自分で解きたい！」という意欲を育む
13種・66の迷路。

ISBN978-4-7942-2046-2　本体 1100 円

考える力がつく 算数脳パズル　対象 4歳〜小学1年

迷路なぞぺ〜 入門編

大人気『迷路なぞぺ〜』の幼少版。「できた！」の感動を通して"自分で
考える意欲"を育む。カメラで見はられている迷路や立体の迷路などの
楽しい迷路、全65題。

ISBN978-4-7942-2265-7　本体 1000 円

草思社ホームページで、シリーズ全書籍のサンプル問題がご覧になれます。

草思社ホームページ **http://www.soshisha.com**

高濱正伸・川島慶

考える力がつく 算数脳パズル

対象 年中～小学1年

新はじめてなぞぺ～

保育園・幼稚園から算数脳を育てよう！ 就学前の子に楽しんでもらえるよう、問題文が少なく、読み聞かせながら使えるように作られています。

ISBN978-4-7942-2115-5　本体 880 円

高濱正伸・平須賀信洋

考える力がつく 算数脳パズル

空間なぞぺ～

対象 小学1年～6年

折る、切る、回す、ひっくり返す…。「日常のなかの空間問題」を多数収録。空間への興味がわく楽しい問題！

ISBN978-4-7942-1744-8　本体 1100 円

高濱正伸・川島慶

考える力がつく 算数脳パズル

絵なぞぺ～

対象 小学2年～6年

問題文のない「なぞぺ～」登場！ 絵の状況を正しく示したグラフや表を選択肢から選ぶ思考パズル。現代社会で重要な「抽象概念を視覚的に理解する力」を鍛える。

ISBN978-4-7942-2223-7　本体 1100 円

高濱正伸・川島慶・秋葉翔太

考える力がつく 算数脳パズル

論理なぞぺ～

対象 小学1年～6年

論理力を育むカギは小学校時代の論理パズル経験にある！ おもしろくて論理的に考えることが大好きに。

ISBN978-4-7942-2113-1　本体 1100 円

対象 小学4年～6年

高濱正伸・川島慶

考える力がつく
算数脳パズル

整数なぞぺ～

中学入試に出るのに学校では教えてくれない！ 思考力問題の代表格「整数問題」のセンスを花まる学習会の良問で磨こう。

ISBN978-4-7942-1930-5　本体 1200 円

対象 小学4年～6年

高濱正伸

考える力がつく
算数脳パズル

鉄腕なぞぺ～

解くたびに喜びがあふれ出す、おもしろい、すごい良問が満載！ ミシン目で切り離して「復習ノート」が作れる画期的問題集。

ISBN978-4-7942-1591-8　本体 1300 円

高濱正伸・川島慶・新山智也

考える力がつく 算数脳パズル

図形なぞペ～

対象 小学1年～3年

高学年以降は伸びづらい「見える力」に特化した『なぞペー』が登場！
必要な線だけを選択的に見る力や、面積の感覚といった、将来必要になる
幾何学的思考力の土台が、楽しみながら身につきます。

ISBN978-4-7942-2339-5　本体 1100 円

なぞペーシリーズに新科目登場！

高濱正伸・川幡智佳

考える力がつく

理科なぞペ～

対象 小学3年～4年

白身魚と赤身魚の違いは？　昼間に見える月はまん丸にならない？
「そういえば、なぜ？」と面白くなる問題ばかり。理科が大好きになり、
考える力がつく問題集。

ISBN978-4-7942-2447-7　本体 1200 円

高濱正伸・狩野崇

考える力がつく

社会科なぞペ～

対象 小学3年～6年

大人気教材のなぞペ～シリーズに、満を持して社会科が登場！「イラ
スト間違い探し」ほか、暗記じゃない、自分で考える力がつく問題を
多数収録！

ISBN978-4-7942-2446-0　本体 1200 円

対象 小学1年〜3年

高濱正伸・丹保由実

考える力がつく

国語なぞぺ〜

テストの文章題を読みとく力。大人の言うことの意味を理解する力。小3までに必要な、「学ぶ」「考える」ための国語力を養う。

〈正編〉　ISBN978-4-7942-1543-7　本体 1200 円
〈おかわり！編〉ISBN978-4-7942-1574-1　本体 1200 円

高濱正伸・丹保由実

考える力がつく **国語なぞぺ〜**

対象 小学4年〜6年

〈上級編〉──語彙をゆたかに

新しいことばに出会う→自分で学ぶ→もっと新しいことばに出会いたくなる。
高学年らしい自律学習サイクルが、楽しく身につく国語問題集。

ISBN978-4-7942-1925-1　本体 1200 円

聴くパズル

音声CD付き
全80問
読み上げ
約70分

高濱正伸・平須賀信洋・田中文久

みみなぞ

対象 小学3年以上

理解力・集中力を育てる "聴くパズル"

CD収録の楽しい "聴くパズル" に子どもが夢中になって集中。算数の文章題や国語の長文読解の力が自然と身につく、画期的教材。

ISBN978-4-7942-1795-0　本体 1400 円

《対象学年早見表》

年中〜小学1年　算数脳パズル新はじめてなぞペー	小学1年〜小学6年　算数脳パズル空間なぞペー
4歳〜小学1年　算数脳パズル迷路なぞペー 入門編	小学1年〜小学6年　算数脳パズル論理なぞペー
5歳〜小学3年　改訂版 算数脳パズルなぞペー①②③	小学2年〜小学6年　算数脳パズル絵なぞペー
5歳〜小学3年　算数脳パズル迷路なぞペー	小学4年〜小学6年　算数脳パズル鉄腕なぞペー
小学1年〜小学3年　算数脳パズル図形なぞペー	小学4年〜小学6年　算数脳パズル整数なぞペー
小学1年〜小学3年　国語なぞペー	小学4年〜小学6年　国語なぞペー上級編
小学1年〜小学3年　国語なぞペーおかわり	小学3年〜小学4年　理科なぞペー
小学3年以上　みみなぞ（聴くパズル）	小学3年〜小学6年　社会科なぞペー

＊定価は本体価格に消費税を加えた金額になります。

株式会社 草思社　〒160-0022 東京都新宿区新宿 1-10-1-7F　TEL：03-4580-7676　FAX：03-4580-7677 (2020年5月

10 組み立てて進め②

きめられた数の部屋を通って、絵のないようを文にしてみよう！

5つ

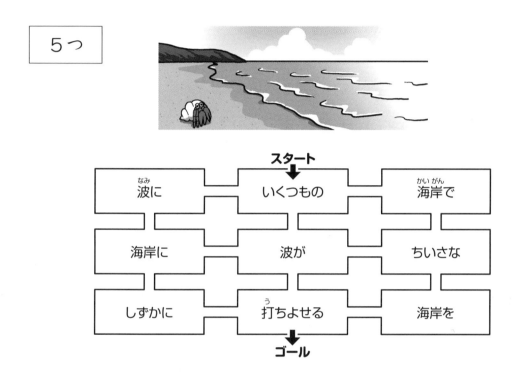

スタート ↓

波に	いくつもの	海岸で
海岸に	波が	ちいさな
しずかに	打ちよせる	海岸を

↓ ゴール

5つ

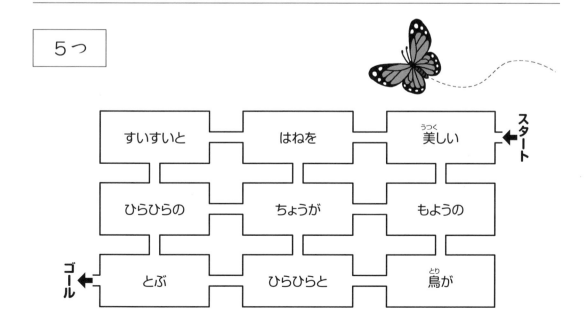

スタート ←

すいすいと	はねを	美しい
ひらひらの	ちょうが	もようの
とぶ	ひらひらと	鳥が

ゴール ←

10 組み立てて進め②

答えと解説

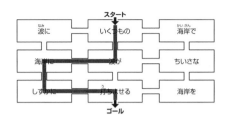

いくつもの波が海岸に
しずかに打ちよせる

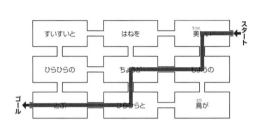

美しいもようのちょうが
ひらひらととぶ

類題

きめられた数の部屋を通って、絵のないようを文にしてみよう！

5つ

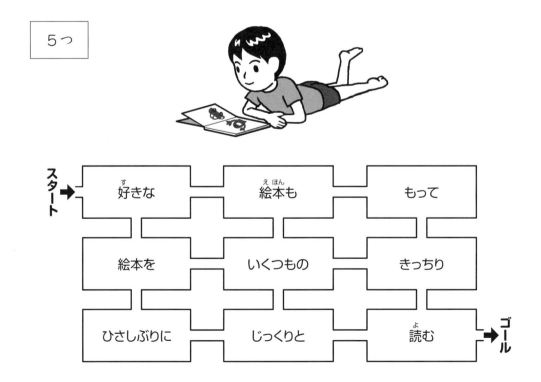

語彙力

11 にたものじてん

ことばと意味をむすぼう。

かまぼこ（蒲鉾）

魚肉をすって、竹などのクシにぬりつけてぼうのようにし、あぶったり、むしたりした食品。

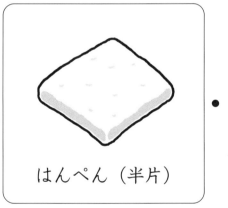

はんぺん（半片）

魚のすり身にヤマノイモなどをくわえ、四角形や半月形などにつくってゆでたもの。

ちくわ（竹輪）

白身の魚のすり身に、らんぱく（たまごの白身）・調味りょうなどをまぜてこね、板にもり、むしたり、やいたりした食品。

77

11 にたものじてん

答えと解説

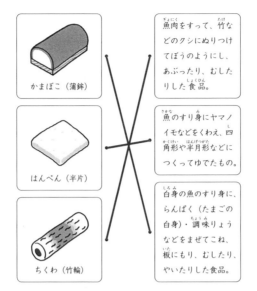

かまぼこ（蒲鉾）

魚肉をすって、竹などのクシにぬりつけてぼうのようにし、あぶったり、むしたりした食品。

はんぺん（半片）

魚のすり身にヤマノイモなどをくわえ、四角形や半月形などにつくってゆでたもの。

ちくわ（竹輪）

白身の魚のすり身に、らんぱく（たまごの白身）・調味りょうなどをまぜてこね、板にもり、むしたり、やいたりした食品。

類題

ことばと意味をむすぼう。　?　に入ることばも考えてみよう。

フォーク ●

● 西洋式の小刀。とくに、洋食の食たく用刀。

?　●

● 食事など、物をはさみ取るのに用いる。細長く小さい二本のぼう。

ナイフ ●

● 食べ物をさすのに用いる。数本に分かれた、するどいせんたんをもつ洋食のしょっき。

?＿＿＿＿＿＿＿＿＿＿＿

12 わたしは何色でしょう

何色のことでしょう。少ないヒントで当てられたらすごい！

1　わたしは、茶色のなかまの色です。赤っぽいこげ茶色です。

2　わたしは、茶色いかみの毛や、こい茶色の馬など、毛の色を
　　表すときによく使われます。

3　わたしは、ブナ科のある木の実の皮の色とにているので、そ
　　の木の実の名前がつけられました。

4　その実は秋が食べごろで、秋を思い起こさせる食べ物のひと
　　つです。食べる部分は黄色くてあまいです。

　　　　　　　わたしは＿＿＿＿＿＿＿＿＿色です。

12 わたしは何色でしょう

答えと解説

くり

類題

何色のことでしょう。少ないヒントで当てられたらすごい！

1　わたしは、黄色に少し赤をまぜたような茶色です。

2　わたしは、ある動物のせなかの毛の色ににていることから、その動物の名前がつけられました。

3　その動物は江戸時代から親しまれてきて、昔話にもよく登場します。

4　油であげたり、火でやいたりしている食べ物が、おいしそうな色になってきたときに「表面がこんがり○○○色になってきた」などと使われます。

わたしは＿＿＿＿＿＿＿＿色です。

13 意味合わせ

同じ意味にしたいのですが、（　）にはどんなことばを入れれば
いいでしょうか？

・わたしの（　①　）は３月５日だ。

・わたしは３月５日に生まれた。

・（　②　）のるす中に（　③　）が家にやってきた。

・友だちが家にやってきたとき、わたしはるすだった。

・その子ネコは、となりの家族にもらわれた。

・となりの家族が、その子ネコを（　④　）。

①＿＿＿＿＿＿＿＿＿＿　②＿＿＿＿＿＿＿＿＿＿

③＿＿＿＿＿＿＿＿＿＿　④＿＿＿＿＿＿＿＿＿＿

13 意味合わせ

答えと解説

①誕生日　②わたし　③友だち

④もらった（「ひきとった」などもせいかいです）

類題

同じ意味にしたいのですが、（　）にはどんなことばを入れればいいでしょうか？

・その犬はわたしをこわがった。
・わたしはその犬を（　①　）。

・（　②　）なのはどのしあいでも（　③　）だった。
・かれがどのしあいでも1いだった。

・ひな鳥は親から毎日えさをあたえられる。
・（　④　）は毎日えさを（　⑤　）にあたえる。

①_____

②_____

③_____

④_____

⑤_____

14 たからの場所

たから探しをしています。
たからの地図にはこう書いてあります。

たからから上に4つ、右か左に1つ進むと★がある。

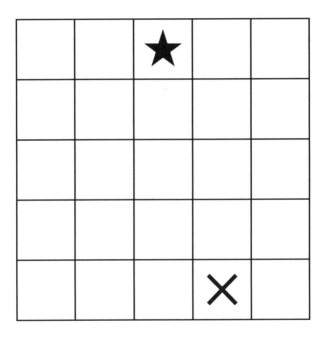

 「×のところには、

　たからはなかったんだよなあ…」

たからのある場所に〇を書き入れましょう。

14 たからの場所

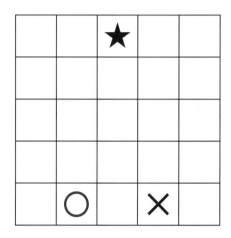

ビンゴ大会をしています。

たて、よこ、ななめの、どれか1列（5こ）がそろえばビンゴです！

 55です！

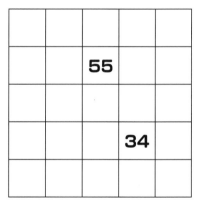

あ！　55あった！
あと1つでビンゴになるぞ！
ここがあいたらなあ！

 34です！

うわー！　あと2つ上だったらビンゴだったのに！！

『ここ』はどこでしょう。〇を書きましょう。

花まる学習会代表
高濱正伸ほか

考える力がつく
算数脳パズル なぞぺ〜
シリーズ

シリーズ累計 **78**万部

26万部突破のベストセラーがリニューアル!

考える力がつく 算数脳パズル 高濱正伸
なぞぺ〜 ①②③ 改訂版

対象
5歳〜
小学3年

- 著者主宰の学習会で長年使われ、改良をかさねた良問ばかり。
- 小3までにしか伸ばせない、算数のセンスを身につけます。
- 子どもたちが夢中になる楽しい問題で、算数が大好きに。

①ISBN978-4-7942-2251-0 本体1100円　②ISBN978-4-7942-2252-7 本体1100円　③ISBN978-4-7942-2253-4 本体1100円

高濱正伸・川島慶

対象 5歳〜小学3年

考える力がつく
算数脳パズル **迷路なぞぺ〜**

なぞぺーシリーズに、最高の思考体験ができる「迷路」が加わりました!
学習に必要な基本的な力と「絶対に自分で解きたい!」という意欲を育む
13種・66の迷路。

ISBN978-4-7942-2046-2　本体1100円

考える力がつく 算数脳パズル

対象 4歳〜小学1年

迷路なぞぺ〜 入門編

大人気『迷路なぞぺー』の幼少版。「できた!」の感動を通して"自分で
考える意欲"を育む。カメラで見はられている迷路や立体の迷路などの
楽しい迷路、全65題。

ISBN978-4-7942-2265-7　本体1000円

草思社ホームページで、シリーズ全書籍のサンプル問題がご覧になれます。

草思社ホームページ **http://www.soshisha.com**

高濱正伸・川島慶

考える力がつく 算数脳パズル

新 はじめてなぞペ〜

対象 年中〜小学1年

保育園・幼稚園から算数脳を育てよう！ 就学前の子に楽しんでもらえるよう、問題文が少なく、読み聞かせながら使えるように作られています。

ISBN978-4-7942-2115-5 本体 880 円

高濱正伸・平須賀信洋

考える力がつく 算数脳パズル

空間なぞペ〜

対象 小学1年〜6年

折る、切る、回す、ひっくり返す…。「日常のなかの空間問題」を多数収録。空間への興味がわく楽しい問題！

ISBN978-4-7942-1744-8 本体 1100 円

高濱正伸・川島慶

考える力がつく 算数脳パズル

絵なぞペ〜

対象 小学2年〜6年

問題文のない「なぞペー」登場！ 絵の状況を正しく示したグラフや表を選択肢から選ぶ思考パズル。現代社会で重要な「抽象概念を視覚的に理解する力」を鍛える。

ISBN978-4-7942-2223-7 本体 1100 円

高濱正伸・川島慶・秋葉翔太

考える力がつく 算数脳パズル

論理なぞペ〜

対象 小学1年〜6年

論理力を育むカギは小学校時代の論理パズル経験にある！ おもしろくて論理的に考えることが大好きに。

ISBN978-4-7942-2113-1 本体 1100 円

対象 小学4年〜6年

高濱正伸・川島慶

考える力がつく 算数脳パズル

整数なぞペ〜

中学入試に出るのに学校では教えてくれない！ 思考力問題の代表格「整数問題」のセンスを花まる学習会の良問で磨こう。

ISBN978-4-7942-1930-5 本体 1200 円

対象 小学4年〜6年

高濱正伸

考える力がつく 算数脳パズル

鉄腕なぞペ〜

解くたびに喜びがあふれ出す、おもしろい、すごい良問が満載！ ミシン目で切り離して「復習ノート」が作れる画期的問題集。

ISBN978-4-7942-1591-8 本体 1300 円

高濱正伸・川島慶・新山智也

対象 小学1年〜3年

考える力がつく 算数脳パズル

図形なぞぺ〜

高学年以降は伸びづらい「見える力」に特化した『なぞぺー』が登場！
必要な線だけを選択的に見る力や、面積の感覚といった、将来必要になる
幾何学的思考力の土台が、楽しみながら身につきます。

ISBN978-4-7942-2339-5　本体 1100 円

高濱正伸・川幡智佳

対象 小学3年〜4年

考える力がつく

理科なぞぺ〜

白身魚と赤身魚の違いは？　昼間に見える月はまん丸にならない？
「そういえば、なぜ？」と面白くなる問題ばかり。理科が大好きになり、
考える力がつく問題集。

ISBN978-4-7942-2447-7　本体 1200 円

高濱正伸・狩野崇

対象 小学3年〜6年

考える力がつく

社会科なぞぺ〜

大人気教材のなぞぺ〜シリーズに、満を持して社会科が登場！「イラ
スト間違い探し」ほか、暗記じゃない、自分で考える力がつく問題を
多数収録！

ISBN978-4-7942-2446-0　本体 1200 円

聴くパズル

高濱正伸・平須賀信洋・田中文久

対象 小学3年生以上

みみなぞ

理解力・集中力を育てる "聴くパズル"

音声CD付き
全**80**問
読み上げ
約70分

CD 収録の楽しい "聴くパズル" に子どもが夢中になって
集中。算数の文章題や国語の長文読解の力が自然と身につく、
画期的教材。

ISBN978-4-7942-1795-0　本体 1400 円

| 対象 小学1年〜3年 | 高濱正伸・丹保由実 |

考える力がつく
国語なぞペ～

テストの文章題を読みとく力。大人の言うことの意味を理解する力。小3までに必要な、「学ぶ」「考える」ための国語力を養う。

〈正編〉　　　　　　ISBN978-4-7942-1543-7　本体 1200 円
〈おかわり！編〉　ISBN978-4-7942-1574-1　本体 1200 円

| 対象 小学4年〜6年 |

高濱正伸・丹保由実

考える力がつく
国語なぞペ～
〈上級編〉──語彙をゆたかに

新しいことばに出会う→自分で学ぶ→もっと新しいことばに出会いたくなる。
高学年らしい自律学習サイクルが、楽しく身につく国語問題集。

ISBN978-4-7942-1925-1　本体 1200 円

| 対象 小学2年〜3年 |

高濱正伸・竹谷 和

考える力がつく
読解力なぞペ～

ISBN978-4-7942-2462-0
本体 1200 円

遊園地の乗り物の案内など、身近なものを題材とした問題がたくさん！　教科書や問題文を間違いなく読む力が楽しく身につく全80問。

| 対象 小学3年〜4年 |

高濱正伸・竹谷 和

考える力がつく
読解力なぞペ～
| レベルアップ 編 |

前作より少し難しくずっと楽しくレベルアップ！
「読む・理解する」が好きになる問題集。

ISBN978-4-7942-2558-0　本体 1300 円

《対象学年早見表》

年中〜小学1年	算数脳パズル新・はじめてなぞペー	小学1年〜小学6年	算数脳パズル論理なぞペー
4歳〜小学1年	算数脳パズル迷路なぞペー 入門編	小学2年〜小学3年	読解力なぞペー
5歳〜小学3年	改訂版 算数脳パズルなぞペー①②③	小学2年〜小学6年	算数脳パズル絵なぞペー
5歳〜小学3年	算数脳パズル迷路なぞペー	小学3年〜小学4年	読解力なぞペーレベルアップ編
小学1年〜小学3年	算数脳パズル図形なぞペー	小学4年〜小学6年	算数脳パズル鉄腕なぞペー
小学1年〜小学3年	国語なぞペー	小学4年〜小学6年	算数脳パズル整数なぞペー
小学1年〜小学3年	国語なぞペーおかわり	小学4年〜小学6年	国語なぞペー上級編
小学3年以上	みみなぞ（聴くパズル）	小学3年〜小学4年	理科なぞペー
小学1年〜小学6年	算数脳パズル空間なぞペー	小学3年〜小学6年	社会科なぞペー

＊定価は本体価格に消費税を加えた金額になります。

株式会社 草思社　〒160-0022 東京都新宿区新宿 1-10-1-7F　TEL：03-4580-7676　FAX：03-4580-7677 (2022年1月)

15 交かんあり？　②

↔のことばを交かんしても、意味の変わらないものには○、意味
が変わってしまうものには×をえらぼう。

1

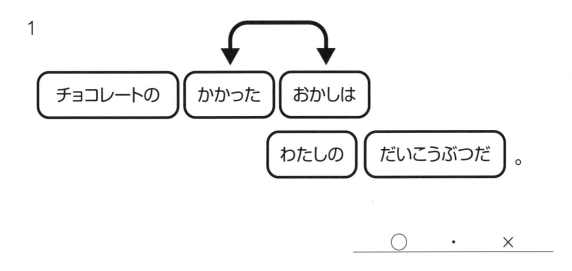

| チョコレートの | かかった | おかしは |

| わたしの | だいこうぶつだ | 。 |

○　・　×

2

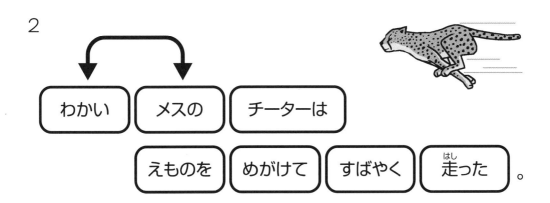

| わかい | メスの | チーターは |

| えものを | めがけて | すばやく | 走った | 。 |

○　・　×

15 交(こう)かんあり？　②

答(こた)えと解説(かいせつ)

　　1　×　　2　○

類題(るいだい)

↔のことばを交(こう)かんしても、意味(いみ)が変(か)わらない場合(ばあい)には○、意味が変わっ
てしまう場合には×をえらぼう。

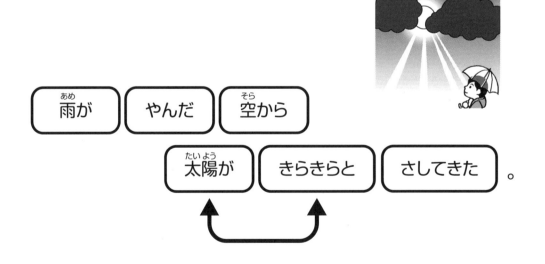

雨(あめ)が　　やんだ　　空(そら)から

太陽(たいよう)が　　きらきらと　　さしてきた　。

　　○　・　×

16 1/3クイズ

下の図をせつめいしたものとして、正しい文章をすべてえらびましょう。

①正方形が上・真ん中・下の3だんに分けられています。すべてのだんは同じ高さで、真ん中のだんだけ白、のこりは黒です。

②白と黒でぬり分けられた正方形が1つあります。上・中・下のだんはすべて同じ高さで、黒が白にはさまれる形でぬられています。

③同じ高さで上・中・下の3つに区切られた正方形が1つあります。下から黒、次は白と、こうごにぬられています。

16 1/3 クイズ

答えと解説
こた かいせつ

①③

類題
るいだい

下の図をせつめいしたものとして、正しい文章をすべてえらびましょう。
した ず ただ ぶんしょう

①黒い正三角形が3つあります。すべての正三角形のそれぞれの3つのちょ
くろ せいさんかくけい
う点のうち2つは、ほかの2つの正三角形にくっついています。
てん

②黒い正三角形が2つ、1つのちょう点で接して横にならんでいます。そ
せっ よこ
れらの上のちょう点に接して、もう1つ、黒い正三角形が同じ向きでつ
うえ おな む
いています。

③白い正三角形が1つあります。そのまわりに、ことなるへんの長さの黒
しろ
い正三角形が3つあります。白い正三角形のすべてのへんが、黒い正三角
形にくっついています。

17 漢字クイズ

ある漢字の書き方をせつめいしたよ。よく読んで、せつめいのとおり書いてみよう。何の漢字か当てられるかな？

1　マスの半分より上にカタカナの「ノ」を書きます。

2　そのカタカナの「ノ」の真下に、足し算の「＋（たす）」の記号を「ノ」にくっつけて書きます。

3　その「＋（たす）」の記号の真下に、四角を「＋（たす）」にくっつけて書きます。

マスの中に書いてみよう。

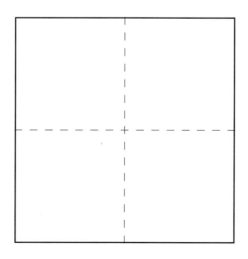

　　　　　その漢字は＿＿＿＿＿＿＿＿＿です。

17 漢字クイズ

答えと解説

舌 「べろ」のことを表す言葉の漢字です。5年生で習います。

類題

ある漢字の書き方をせつめいしたよ。よく読んで、せつめいのとおり書いてみよう。何の漢字か当てられるかな?

> 1 日にちの「日(ひ)」をマスの上のほうに漢字で書きます。
>
> 2 漢字の「日(ひ)」の真下に木のぼりの「木(き)」を漢字で書きます。
>
> 3 漢字の「木(き)」のたてぼうを上にのばして、漢字の「日(ひ)」の中を通します。
>
> 「日(ひ)」の上には、つきぬけないでください。

マスの中に書いてみよう。

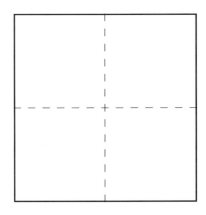

その漢字は＿＿＿＿＿＿＿＿＿です

18 まちがいめいろ

まるおくんは、めいろをつくりました。が、とてもおしいことに、◎のルールを書きわすれています。◎のルールを見つけて書いてください。

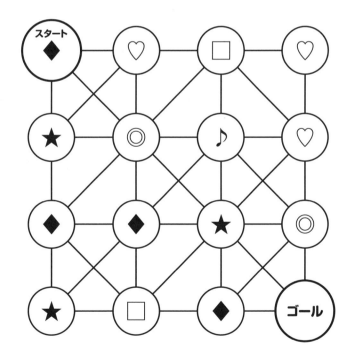

ルール

◆…右に進む　♡…下に進む　□…左に進む

★…右上に進む　♪…右下に進む

◎のルールは…_____

18 まちがいめいろ

答えと解説

左下に進む

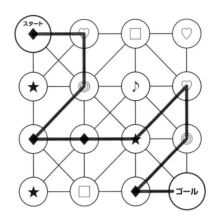

類題

まるおくんはめいろをつくりました。しかし、ルールのある部分が消えてしまいました！

> ### ルール
> ・「（　①　）進んだら曲がって（　②　）進む」という
> 　きそくで進む
> ・×は通れない
> ・ななめには進めない
> ・①と②には同じ数字
> 　は入らない

スタート				×
×	×			
	×			
×				
×		×	×	ゴール

①に入るのは…＿＿＿＿＿＿＿＿　　　②に入るのは…＿＿＿＿＿＿＿＿

19 つながるように

「だから」でつながるように2つの文をつくろう。
使わないものが左右1つずつあるよ。

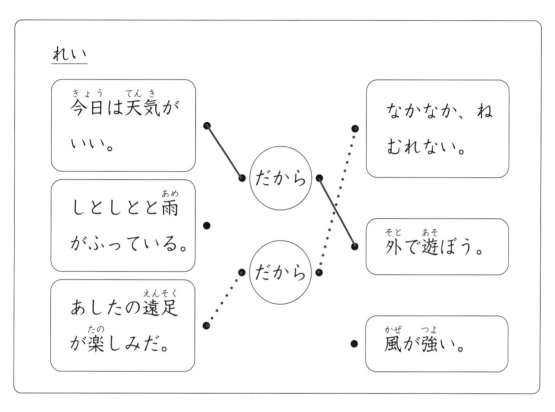

れい

今日は天気がいい。

しとしとと雨がふっている。

あしたの遠足が楽しみだ。

だから

だから

なかなか、ねむれない。

外で遊ぼう。

風が強い。

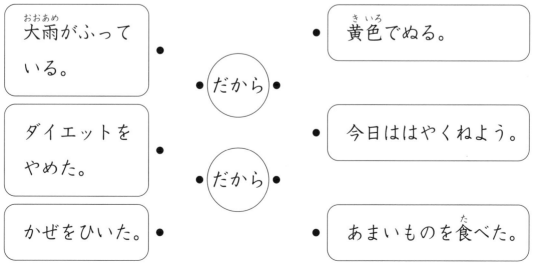

大雨がふっている。

ダイエットをやめた。

かぜをひいた。

だから

だから

黄色でぬる。

今日ははやくねよう。

あまいものを食べた。

19 つながるように

答えと解説

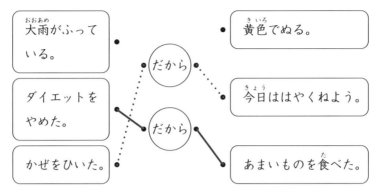

大雨がふっている。	黄色でぬる。
ダイエットをやめた。	今日ははやくねよう。
かぜをひいた。	あまいものを食べた。

※正しい文章になっていればせいかいです。

類題

「しかし」でつながるように2つの文をつくろう。
使わないものが左右1つずつあるよ。

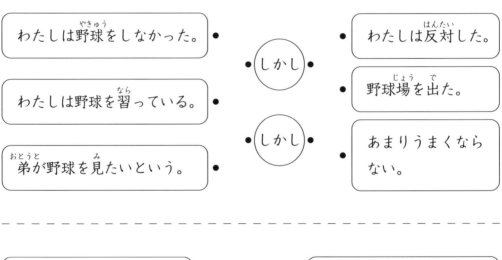

わたしは野球をしなかった。	わたしは反対した。
わたしは野球を習っている。	野球場を出た。
弟が野球を見たいという。	あまりうまくならない。

- -

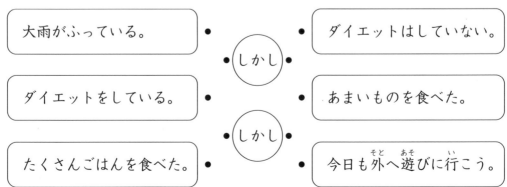

大雨がふっている。	ダイエットはしていない。
ダイエットをしている。	あまいものを食べた。
たくさんごはんを食べた。	今日も外へ遊びに行こう。

20 ヒトとオオカミ

　ヒトの足とオオカミの後ろ脚をくらべてみます。

　オオカミはかかとを地面につけません。これは長距離歩行や速く走るためのもので、地面につく面積が小さいほうが足を蹴りあげるときの負担を小さくできます。これにより、オオカミはすばやく走ることができるのです。足の裏をべったりと付けて歩くヒトの歩き方を蹠行性と言うのに対し、指先を付けて歩くオオカミのような歩き方を指行性と言います。

　下の絵を見て、オオカミの「つまさき」「かかと」がどこなのか、線をのばしましょう。

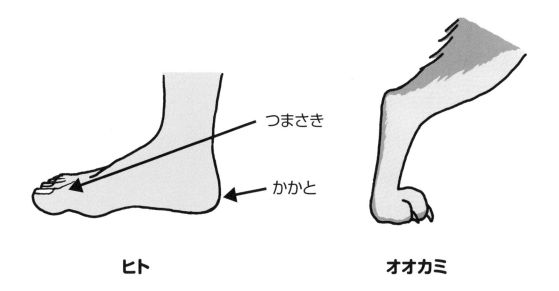

つまさき

かかと

ヒト　　　　　　　**オオカミ**

20 ヒトとオオカミ

答えと解説

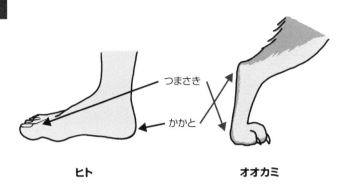

ヒト　　　　　　　　　　　オオカミ

類題

　オオカミとヒトの目は、どのようにちがうのでしょうか。

　オオカミの目にも、ヒトと同じく白目があります。その白目の中に、色がついた虹彩があります。そしてさらにその中心に、黒目と呼ばれる瞳孔があります。ただし、オオカミは、白目の部分がまわりの毛などで隠れていて見えません。しかし、目の周囲が黒くふちどられ、虹彩がヒトの白目のように明るいため、瞳孔がヒトの虹彩のようによく目立つのです。こちらを見すえているような印象になるのはそのためです。下の絵を見て、オオカミの「虹彩」「瞳孔」がどこなのか、線をのばしましょう。

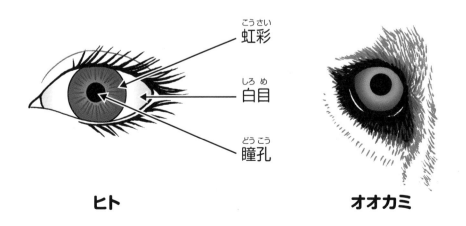

ヒト　　　　　　　　　　　オオカミ

類題の答え

Ⓐ-❶ `p16`

① 左（ひだり）　②しゃがむ（「すわる」などもせいかいです）
③立（た）つ（「立（た）ち上（あ）がる」などもせいかいです）
④右（みぎ）　⑤右　⑥1歩（ぽ）

Ⓐ-❷ `p18`

テレビ

Ⓐ-❸ `p20`

Ⓐ-❹ p22

1　丸い月(が)空(に)のぼる。

2　空(の)丸い月(が)、夜道をてらす(な)(か)、

さんぽ(に)出かける。

Ⓐ-❺ p24

5

（あさりの口が開いたら、火をとめてみそをとかし入れます。）

Ⓐ-❻ p26

ゴーカートとコーヒーカップとメリーゴーラウンド

Ⓐ-❼ p28

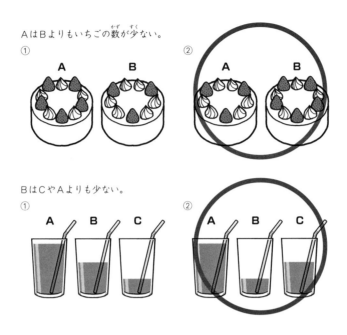

AはBよりもいちごの数が少ない。

① A B　② A B

BはCやAよりも少ない。

① A B C　② A B C

Ⓐ-❽ p30

ろうそくが立っています。

Ⓐ-❾ p32

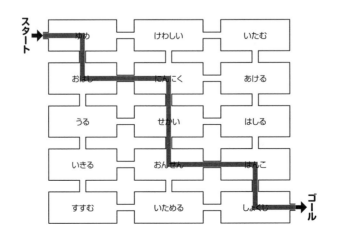

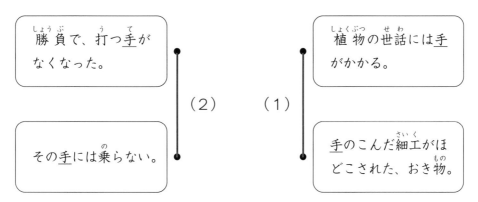

勝負で、打つ手がなくなった。

その手には乗らない。

（2）

（1）

植物の世話には手がかかる。

手のこんだ細工がほどこされた、おき物。

「手」には（1）「手数。手間。」（2）「事を行うための手だん・方ほう」などの意味があります。

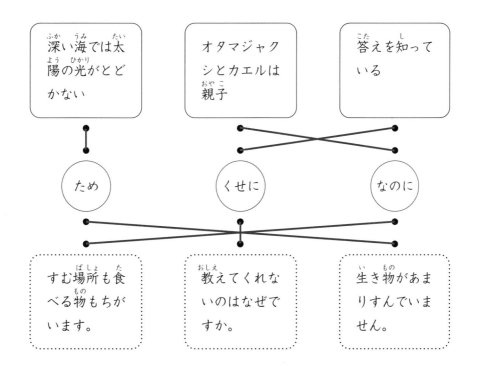

深い海では太陽の光がとどかない

オタマジャクシとカエルは親子

答えを知っている

ため

くせに

なのに

すむ場所も食べる物もちがいます。

教えてくれないのはなぜですか。

生き物があまりすんでいません。

①②④

Ⓐ-⑬ p40

④

Ⓐ-⑭ p42

③

おばあちゃんの食べたクッキーのまいすうはわかりません。

Ⓐ-⑮ p44

ア② イ③ ウ①

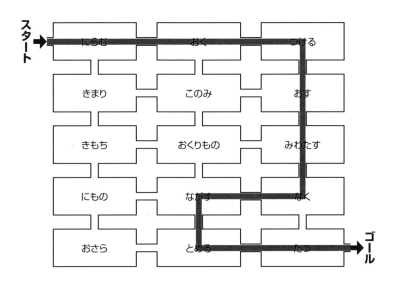

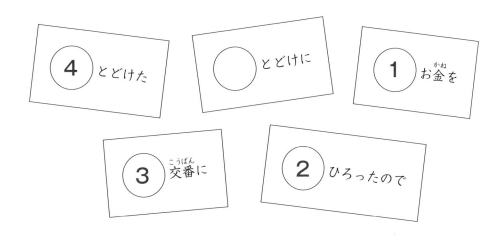

Ⓐ-⑱ p50

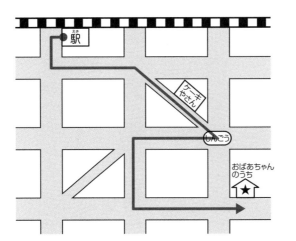

※こうさ点とは2本いじょうの道が交わる場所のことです。

Ⓐ-⑲ p52

③

Ⓐ-⑳ p54

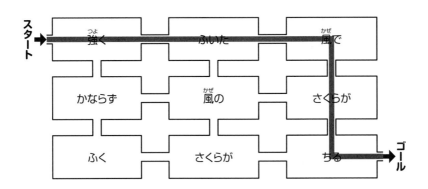

B-❶ p58

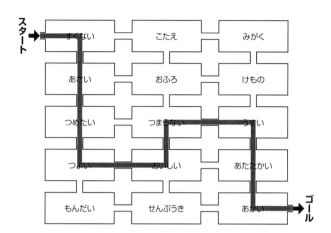

B-❷ p60

① 150点
② 13時0分（1時0分もせいかいです）

B-❸ p62

×

B-❹ p64

チョコレートケーキ

Ⓑ-❺ p66

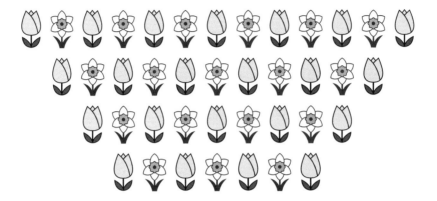

18本

Ⓑ-❻ p68

1

雨　も　風　も　強い。

雨がふれ　ば　、行かない。

雨がふる　と　、水たまりができる。

2

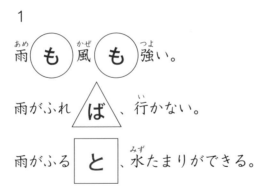

どうでもいい　や　。

電車　や　バスが通る。

あれ　や　これ　や　をカバンに入れる。

B-❼ p70

①C　②A　③B　（②B　③Aもせいかい）

B-❽ p72

1③　2①

B-❾ p74

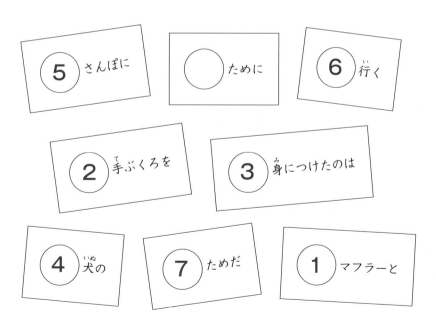

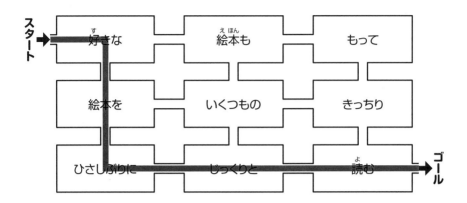

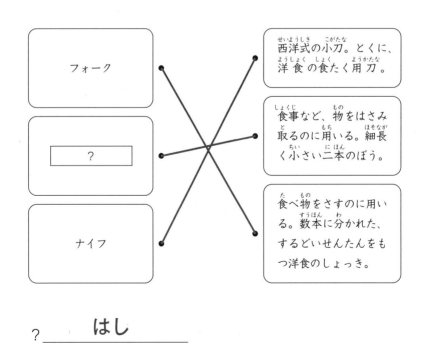

? _____ はし _____

B-⑫ p80

きつね

B-⑬ p82

①こわがらせた（こわがらせてしまった）
②1い
③かれ
④親（親鳥）
⑤ひな鳥（ひな）

B-⑭ p84

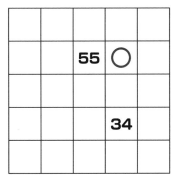

B-⑮ p86

◯

B-⓰ p88

①②

B-⓱ p90

か
果

「くだもの」のことをさす漢字です。
4年生で習います。

B-⓲ p92

①2マス　②1マス

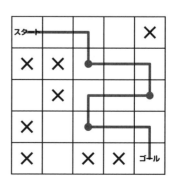

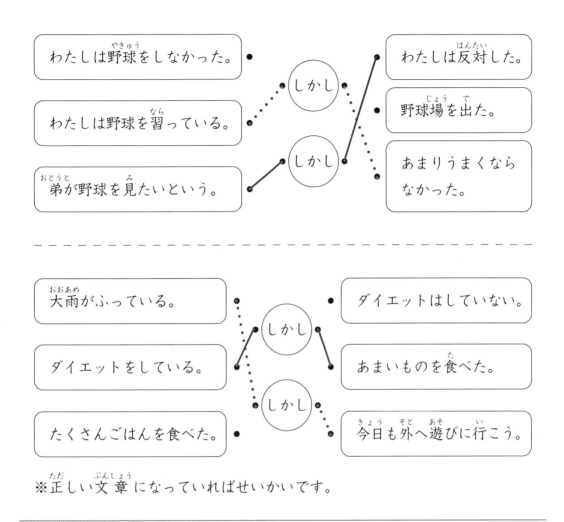

わたしは野球をしなかった。 ・ しかし ・ わたしは反対した。

わたしは野球を習っている。 ・ しかし ・ 野球場を出た。

弟が野球を見たいという。 ・ ・ あまりうまくならなかった。

大雨がふっている。 ・ しかし ・ ダイエットはしていない。

ダイエットをしている。 ・ しかし ・ あまいものを食べた。

たくさんごはんを食べた。 ・ ・ 今日も外へ遊びに行こう。

※正しい文章になっていればせいかいです。

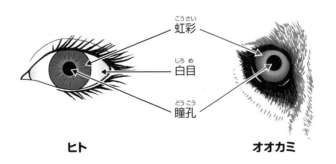

虹彩

白目

瞳孔

ヒト　　　　　オオカミ

著者略歴————

高濱正伸 たかはま・まさのぶ

1959年、熊本県生まれ、東京大学大学院修士課程卒業。93年に、学習教室「花まる学習会」を設立。算数オリンピック委員会理事。著書に『小3までに育てたい算数脳』(健康ジャーナル社)、『考える力がつく算数脳パズル』シリーズの『なぞペー①②③ 改訂版』『空間なぞペー』『整数なぞペー』『迷路なぞペー』『絵なぞペー』(以上、草思社)などがある。

竹谷和 たけたに・かず

花まる学習会教材開発部所属。年中から中学3年生までの幅広い学年に対しての教材開発、そして各種教材／参考書出版にも携わる。毎年行われている「花まる作文コンテスト」統括、読書感想文講座の実施、研修等、講演会以外に「書くこと」についての楽しい経験を生み出すべく活動。主な著書に『作文・読書感想文 子どもの「書く力」は家庭で伸ばせる』(実務教育出版、高濱との共著)がある。

参考文献

近藤雄生・澤井聖一著，菊水健史監修，『オオカミと野生のイヌ』，エクスナレッジ

考える力がつく
読解力なぞペー
2020©Masanobu Takahama, Kazu Taketani

2020年9月2日　　　　　第1刷発行

著　　者　高濱正伸・竹谷和
装幀者　南山桃子
発行者　藤田　博
発行所　株式会社 草思社
　　　　〒160-0022　東京都新宿区新宿1-10-1
　　　　電話　営業 03(4580)7676　編集 03(4580)7680
印刷・製本　中央精版印刷株式会社

ISBN978-4-7942-2462-0 Printed in Japan　検印省略

造本には十分注意しておりますが、万一、乱丁、落丁、印刷不良などがございましたら、ご面倒ですが、小社営業部宛にお送りください。送料小社負担にてお取り替えさせていただきます。